동방의 빛 KOREA 불 밝혀라

국립중앙도서관 출판시도서목록(CIP)

동방의 빛 Korea 불 밝혀라/ 지은이: 한승연. -- 서울 : 한누리미디
어, 2016
  p. ;   cm

ISBN 978-89-7969-728-5 03210 : ₩15000

종교 사회학[宗敎社會學]

215.8-KDC6
201.7-DDC23   CIP2016028062

동방의 빛 KOREA 불 밝혀라

白丹心 麗海 한승연

한누리미디어

백두의 기적

태초의 어둠 속에서도
하얗게 빛나던 영산, 백두산은
이승과 저 세계의 모든 얼들에게
하늘의 밝은 빛으로 우뚝 서 있다
그 장대함, 그 불변함
시공을 초월한 의연한 모습은
천지인 경천 숭조 애인
생명의 근본이신 하나님을 사랑하고
부모님 은혜를 알고 공경하며
이웃을 내 몸처럼 사랑하는
영원불멸한 진리를 장엄히 선포한다

오, 우리는 동방의 등불!
그 백두의 기적을 보리라
그토록 진실하고, 선하고
아름다운 백두의 감로수
금파, 은파, 만파 되어
영원한 지상낙원 세계

인류 구원의 평화를 위해
동서로 흐르고 남북으로 흘러
청사초롱에 불 밝히고
마침내는 세계로 흐르리라

우리의 소원 지구촌 통일과
어미 호랑이와 새끼 곰이
아리, 아리랑을 부르며
손을 잡고 함께 뛰어노는 것을
그것이 천기운행으로 선천시대
눈부신 흰 옷에 흰 구름을 타고
하늘 문을 여신 배달의 개천성조
사랑과 자비의 가슴, 그 원문도
불 밝히려 다시 오신다는 그 약속
오, 우리는 알파와 오메가
그 천왕성의 기적을 보리라.

– 지리산을 바라보는 서재에서

오늘 우리는 세계 속에 유일하게 분단국가라는 불명예를 아직까지도 씻어내지 못하고 있다.

그러면서도 세계무대에 나가서 거침없이 '동해물과 백두산이 마르고 닳도록 하느님이 보우하사 우리나라 만세!' 하고 그처럼 당당하고 힘차게 손뼉을 치며 노래를 부른다.

세계적인 철인哲人 소크라테스는 '너 자신을 알라' 는 말로 유명하다. 그런데 오늘 우리의 처지가 세계무대에 올라가서 과연 그처럼 당당하게 애국가를 부를 수 있는 자주통일국가로서의 부끄러움 없는 국민인가를 다시 생각해 보게 해 준다.

지난날 우리 배달한민족 조상들은 고조선 시대 동방의 정신문화를 꽃피워 찬란한 평화의 등불로 12제국을 다스려 나왔다는 자랑스러운 민족 뿌리 역사를 가지고 있다.

그처럼 자랑스러웠던 우리 조상들의 정신문화는 배달한민족의 선조先祖이신 환웅천제桓雄天帝께서 한민족 뿌리 사상의 정기精氣로 이 땅에 심어주신 삼일철학三一哲學으로 천지인天地人이 동떨어진 것이 아닌 조화주 하나님의 '한 틀' 속에서 운행되고 있다는 조화사상이었다.

그러한 한민족 뿌리정신 사상이 후사이신 개국조開國祖 단군왕검께서 사람을 유익하게 하기 위해 백성들에게 가르치셨다는 바로 그 홍익인간弘益人間 이화세계理化世界 이념이다.

그 정신사상이 고조선 시대에 이웃 민족을 평화스럽게 지배할 수 있었던 고차원적 휴머니즘의 이데올로기로 윤리도덕과 정신문화를 이루게 했었던 하늘나라 대도大道의 정신사상이라고 하여 '한얼' 또는 '한사상' 이라고 했다는 것이다.

그러나 안타깝게도 그 후손들은 질곡에 빠진 역사의 수난 과정에서 지고至高한 우리 조상들의 민족정신을 잃고 우리 한민족의 상고사 뿌리 역사관마저도 표류시키면서 민족자존의 주체성을 잃고 강대국에 빌붙어 의지하려는 자기비하의 걸인근성으로 변태되고 말았다.

그로부터 외래사상에 젖어 혼미해진 우리 국민정신은 지난날 삼천리 금수강산에 배달한민족 상징의 백단심百丹心 무궁화 꽃을 심어 민족정신을 회복해야겠다는 계획 아래 유신維新을 추진했었던 정부 체제하에서도 우리 한민족 자존의 '주체성' 을 끝내 살려내지 못한 채, '우리의 소원은 통일' 이라는 그 과업을 이루어내지 못하고 오늘에 이르렀다.

그 이유는 외세의 침략을 수없이 당했던 역사의 수난과정에서 국가와 민족은 나와 불가분의 관계라는 뚜렷한 민족 정체성을 잃고 지구촌에 오직 물질문명만을 발전시켜 나온 서구 문화를 최상의 우주 과학문명으로 선호하고 추종하는 국민정신으로 변태되고 말았기 때문이다.

그런데 뜻밖에도 우리 조상들로부터 전래되어 내려온 전통문화가 세계적으로 한류열풍의 붐을 타고 있다는 반가운 소식이다.

그런가 하면 1984년 4월 우리나라 대통령이 프랑스를 방문했을 때 '한국의 홍익인간弘益人間 사상이 21세기를 주도할 것' 이라고 말한 《25시》의 작가, 루마니아의 희랍정교회 신부인 비르질 게오르규도 그의 저서 《25시에서 영원의 시간으로》 '태극기 송頌' 에 쓰기를 "한국의 국기는 유일하다. 어느 나라의 국기와도 닮지 않았다. 거기에는 세계 모든 철학이 요약된 것 같은 것이 새겨져 있다"고 했다.

이제까지 세계문명의 흐름은 과거 그처럼 찬란하게 동방의 등불이었던 우리 고조선시대 역사 이후, 고대 그리스 로마문명에서 영국 중심의 구라파 문명시대를 거쳐, 20세기 제국주의, 미·소 양극체제, 그리고 공산권 붕괴 이후 미국을 중심으로 하는 다극화 체제로 변화하면서 세계문명의 중심이 대서양 중심에서 태평양 중심의 다원체제로 이동하는 시대적 전환기에 처하여 있다.

하지만 여기에서 다시 상기시켜 보게 하는 것이 지구촌에 동서로 오고간 현자들의 미래적인 예견으로, 21세기에는 동아시아 시대가 본격적으로 전개되리라고 말한 바 있다.

거기에 또 일찍이 역사학자 A. 토인비는 "죽어 다시 태어난다면 동양철학에 심취해 보고 싶다"고 말함과 동시에 21세기는 동아시아가 세계의 중심무대가 되리라고 시사했으며, 또한 영성적으로 밝은 인도의 시성詩聖 타고르는 그 중에서도 코리아가 동방의 등불이 될 것임을 예언한 바 있다.

그와 같은 예견은 현자들뿐만이 아니다. 세계적으로 유일하게 전파된 성경 《요한 계시록》 역시 마찬가지로 미래에 해가 뜨는 동방으로

동방의 빛
KOREA 를 밝혀라

부터 흰 옷을 입은 무리가 하나님의 인印을 가지고 세계로 나가게 됨을 예시해 주고 있다.

그러한 예언들을 종합해 볼 때, 21세기 후반기는 전 세계가 태초의 조화주 하나님이 예정하신 천혜의 땅 한반도를 중심으로 인종과 종족, 그리고 종교적인 사상이념을 초월하여 조화를 이루는 '슈퍼 팍스 코리아나' (Super Pax, Koreana)시대가 열리게 됨을 시사해 주고 있다.

여기에 우리는 거시적인 문명사의 흐름을 직시하고 전쟁과 평화가 교차하는 이 시대에 한반도와 지구촌 전체에 온전한 평화가 자리 잡을 수 있도록 먼저는 우리의 고질적인 지방색과 종교간의 갈등을 해소하고 나아가서 대립적인 남과 북이 화해하고 공존해야 하는 의미를 되새기고 결속을 다짐해야 할 것이다.

이제까지 한반도에 휴전이라는 이름만으로 유지되어 오던 평화는 북한의 핵문제로 동북아 평화를 위협하고 나아가서 세계 평화마저 위협할 위기에 더욱 긴장감을 조성해 주고 있는 실태다.

그러한 불안감을 우리 한민족이 국혼을 회복하여 남북이 화해와 협력으로 대동단결하여 풀어야만 아시아의 황금시기 등촉의 나라 코리아가 인도의 시성 타고르가 예언한 세계인류평화를 주도해 나갈 영성 지도국으로 세계를 향해서 힘차고 자랑스럽게 나가게 될 것이다.

그 준비를 위해서 오늘 우리가 정리해야 할 일은 역사의 수난 과정에서 곰의 자손으로 왜곡시켜 표류시켜 버린 우리 배달한민족 뿌리역사와 함께 우리 한민족의 국혼을 되찾아 회복하는 일이다. 그 나라 민족혼은 그 민족의 형상과도 같은 것이라고 했다.

고조선시대 우리 조상들은 뿌리시원에서부터 하늘 대도의 조화사상을 배워 왔었기 때문에 이웃민족으로부터 군자불사지국君子不死之國

이라는 칭송을 들어왔던 자랑스러운 민족 뿌리 역사를 가지고 있다. 그만큼 세계 어느 민족보다 종교적인 심성이 강하고, 또 정신적으로도 끈질긴 생명력을 가지고 있는 선택받은 천손민족이다. 그처럼 자랑스러운 우리 배달한민족 혈통 맥박 속에 면면히 흐르는 민족정기의 국혼을 오늘 우리가 회복했을 때, 태극 깃발을 높이 흔들며 '평화의 북소리'를 힘차게 울리면서 세계로 나가게 될 것을 믿어 의심치 않는다.

그 일을 준비하기 위해서 오늘 우리가 먼저 해야 할 일은 잃어버린 우리 민족의 정체성을 찾는 데 과연 무엇이 가장 걸림돌이 되고 있는가? 그 문제부터 먼저 밝히고 풀어냈을 때 세계 속에 유일하게 불명예의 남북분단의 갈등을 해소하고 세계를 향해 자랑스럽게 "동해물과 백두산이 마르고 닳도록 하나님이 보우하사 우리나라 만세!"를 떳떳하고 힘차게 부르며 나가게 될 것을 의심치 않는다.

그 일이 오늘 우리가 대동단결해서 풀어내야 할 숙제이기 때문에 이 글을 읽는 독자들과 함께 그 일을 도모할 수 있었으면 하는 마음 간절할 뿐이다.

2016년 10월 26일

麗海 한 승 연

'동방의 빛 코리아여! 불 밝혀라.'

우리 민족은 자고이래로 천 번 가까운 외세의 침략을 당했으나 끈질긴 인내와 생명력으로 민족역사를 유지 발전시켜 왔다.

이것은 우리 민족만이 가지고 있는 천손민족으로서의 자긍심과 한 사상으로 위기 때마다 대동단결하는 선비사상이 있었기 때문이다.

또한 우리 민족은 일만 년 가까운 세월 동안 세계문명의 주도세력으로서 존재해 왔으며, 심성이 천부사상으로 무장되었기 때문에 질긴 생명력으로 민족역사를 유지 발전시켜 올 수 있었던 것이다.

우리 민족의 발상지이며 요하문명의 태동지인 내몽고지방의 적봉에서 바라본 홍산문화는 인류시원의 문명과 맥을 같이 할 수 있는 것을, 세계 4대 문명보다도 2000년 이상 앞선 것을 고조선 유적답사를 통하여 확인한 바 있는 본인으로서는 우리 민족이 동방의 밝은 빛 인류의 빛이 될 천손민족임을 명백하게 확인할 수 있었다.

노작가 한승연 님은 2008년 '고조선역사문화재단'에서 수여하는

'제5회 단군문학상'을 수상한 여성 민족작가이다. 그는 사명자적인 인격을 가지고 우리 민족의 근현대사를 작가 자신이 겪은 질곡의 세월만큼이나 섬세하게 장편소설, 사상서, 시집, 수필집 등 수많은 저서를 통하여 그동안 민족혼을 불러일으키는 데 이바지해 왔다.

"우리 민족 역사 이래로 전래된 외래 종교가 세계에서 유례를 찾아볼 수 없을 만큼 사이 좋게 공존하고 있는 우리 문화는 천혜의 땅 반도라는 지정학적 토대 위에 선조이신 환웅천제님 천지인 합일체의 우주 대도정신이 조상 뿌리에서부터 심어져 왔기 때문에 그처럼 조화를 이루어낼 수가 있었다"고 주장하면서 우리 민족은 그런 면에서 볼 때 21세기는 전 세계가 한반도를 중심으로 움직이는 슈퍼 팍스 코리아나 (Super pax-koreana)시대가 열리게 될 것임을 시사해 주고 있는 변화의 시점에서 우리 정부나 국민이 무엇보다도 먼저 정리해야 할 문제는 어둠의 역사에 의해 왜곡된 우리 한민족의 뿌리 역사의 진실과 그 정체성을 바로 찾아 회복시켜야 한다, 라고 설파하는 작가의 주장이다.

그렇다. 인류의 역사가 시작된 이래로 역사는 바른 길을 가는 민족에게만 존재해 왔으며, 역사에서 소멸되는 것은 지도층의 부패에서 기인하였던 것을 우리는 국내외사적으로 수없이 보아왔다.

우리의 터전이며 우리가 언제까지라도 지켜야 할 살림터인 내 조국, 괴롭거나 즐거워도, 좋거나 나빠도 이 터전을 떠나서 우리는 살수가 없다. 조국은 측량할 수 없는 끝없는 이해를 가지고 우리를 너그럽게 용납하며 한없는 인내로 기다리는 것이다. 그래서 조국은 더없이 숭고한 것이다.

다시금 강조하건대 이 저서는 한승연 님의 조국에 대한 사랑의 '노스탤지어'인 것이다.

동방의 빛
KOREA를 밝혀라

또한 이 저서는 한승연 작가가 마지막으로 우리 민족에게 보내는 비전의 제시이며 환상의 절규이고 역사의 서막인 것이다.

그리하여 이 저서는 우리 민족의 정체성을 되찾는 데 이바지할 훌륭한 명저인 만큼 우리 국민 모두의 필독서가 되기를 성심으로 기대해 본다.

2016월 10월 25일

아현동 서재에서
고조선역사문화재단 총재 松山 이 선 영

Contents
차례

한승연 지음 희망의 빛 KOREA를 밝혀라

프롤로그

지구촌 인류역사를 살펴보면 대부분의 전쟁은 동양에서가 아니라 서구에서 시발된 전쟁이었다.

그 입증자료가 되어 주고 있는 것이 유대민족 뿌리 역사 구약이다. 그 내용 속에는 주변 이방민족과의 사이에 대립적인 맞수대결로 잔인한 전쟁이 수없이 거듭되고 있었음을 기록하고 있다.

그런데도 오늘 서구기독 신학자들 논리는 지구촌 인류시원의 뿌리 역사를 유대민족 조상의 뿌리 아담의 후예로 단일적인 혈통뿌리 계보에 묶어 설파하고 있다.

그와 동시에 기독교 스승 성자 예수께서 지칭하신 대우주적인 천지 창조 성부하나님 신위神位에 유대민족 조상신 입지에 국한된 '여호와' 이름을 올려 격상시켜 놓고 전 인류가 믿고 섬겨야 할 전지전능하시고 사랑이 많으신 천지창조 하나님이라고 전파하고 있다.

하지만 그러한 논리는 구약의 내용 속에서 보여주고 있는 여호와의 전반적인 행사모습에서 전지전능하시고 그처럼 만물을 사랑하신다는 성부하나님의 모습도 아니며, 또한 그 위상도 아니다.

그들이 그처럼 격상시키고 있는 여호와신의 전반적인 행사 모습은 이스라엘 민족 주변에 산재해 있는 이방민족과 철저하게 이분법적二分法的인 경계의 선을 긋고 그 이방민족과의 맞수대결에서 전쟁에 필요한 살상무기의 제작법과 거기에 전략적인 술수까지를 직접 가르치며 오히려 그 전쟁을 진두지휘하는 행사로 일관되고 있다는 사실이다.

그러한 구약의 내용을 보더라도 여호와의 행사는 어디까지나 유대 민족의 창조수호신으로서 오직 그 이스라엘 백성만을 관리하며 다스려온 그 민족 조상신에 국한된 입지임을 분명히 나타내주고 있다.

그와 같은 여호와 전반적인 행사 기록은 기독교 스승 성자 예수께서 '네 이웃을 내 몸처럼 사랑하라. 그것이 내 아버지의 뜻이니라' 하신 일원론적一元論的인 말씀과는 달리 철저하게 너와 나를 개체로 가르는 이분법적으로 예수께서 '내 아버지는 사랑이시라' 고 하신 성부하나님의 모습과는 도저히 일치될 수가 없다.

그런데도 서양에서 태동된 기독신학 논리가 전혀 그 세계관이 다른 구약과 신약의 세계관을 그처럼 한 틀에 묶어 설파한다는 것은 기독교 스승의 가르침에 크게 위배되고 있는 것으로 그만큼 논리적으로나 내용상으로 합리적이지 못한 것이 사실이다.

이 세상의 모든 악惡은 언제나 선善으로 위장하여 스며든다고 했다. 예수께서 예언으로 말씀해 둔 적그리스도라는 거짓 성직자들도 마찬가지다. 찬란한 이름으로 사람을 유혹하고 신비한 기적이라는 소리로 사람을 미혹케 한다.

진리의 실상을 바로 알지 못하는 것처럼 어리석고 무서운 형벌은 없다고 했다. 그러한 악惡에 깊이 물들면 그 악을 바로 분별할 수 없기 때문이다.

기독교 스승 예수께서는 그 시대 이스라엘 백성들을 향해 주인이 농사짓는 비유까지를 들어가면서 너희가 시대구별을 하라 이르시고, 그 백성들만을 관리 수호해 온 여호와를 본질상 하나님이 아니라고 지적하셨다가 그 시대 제사장들로부터 이단의 괴수로 내몰려 십자가 위에서 그처럼 참수형을 당하셨다. 그 죄목이 그들이 절대자 천주天主 하나님으로 믿고 숭배하는 여호와를 감히 낮추어 폄하했다는 불경모독죄였다.

하지만 그로부터 2,000년이 지난 오늘까지도 그러한 천도의 시대 변화원리를 깨우치지 못하고 있는 지구촌 기독신학의 목회자들이다. 그러한 종교적 모순의 공해는 어쩌면 민족주의적 우월성을 고집하는 타민족을 지배하기 위한 정복문화 유산에서 비롯된 것으로서 패권주의적 정당성 확보를 위한 방편의 무기로 이용되어 왔다고 볼 수 있다.

그렇기 때문에 민족주의를 유럽적 제국주의 개념으로 보아서는 발전할 수가 없다.

서구 문명의 바탕이 되는 것은 정복문화로서 그 실례를 들어 볼 수 있는 한 토막의 이야기가 있다.

남아프리카 공화국은 아프리카 남반부에 자리 잡고 있다. 이 나라는 금, 다이아몬드, 우라늄 등의 풍부한 광산자원을 바탕으로 아프리카에서 가장 부강한 경제력을 보유한 공업국이다.

그 나라가 소수 백인 정권시대 개체적인 인종차별로 다수의 흑인들이 분노와 좌절 속에 신음하고 있었던 1984년, 남아프리카 공화국의 흑인지도자 데스몬드 투투 주교가 노벨평화상 수상자로 선정되고 난 후였다.

그가 뉴욕의 한 집회 장소에서 백인들의 아프리카 지배를 다음과 같이 꼬집었다.

"백인선교사들이 처음 아프리카에 왔을 때 그들은 성경을 지니고 있었고, 우리 흑인들은 땅을 가지고 있었다. 그런데 '자! 기도합시다' 하는 선교사들의 말에 순응하여 우리는 눈을 감았다. 기도를 마치고 눈을 떠 보니 이번에는 우리가 성경을 가지고 있고, 선교사들은 우리의 땅을 차지하고 있었다."

바로 그것이다. 그처럼 진리라는 이름을 앞세우고 들어와서 설파하지만 때때로 침략 정복무기가 된다는 것으로, 오늘 우리 대한민국 국민들에게 주는 그 실례적인 교훈이기도 한 것이다.

지금까지 지구촌은 문명의 혼돈, 종교가 주는 사상의 혼돈, 가치관의 혼돈은 십자군의 전쟁, 천주교와 개신교(기독교) 간의 30년 전쟁, 그리고 오늘날까지도 계속되고 있는 유태교와 회교간의 분쟁, 북아일랜드 구교·신교간의 분쟁, 인도의 힌두교와 파키스탄 회교간의 분쟁 등으로 조용할 날이 없었다.

21세기 벽두에도 마찬가지였다. 대외적으로 9.11테러, 아프가니스탄 전쟁, 이라크 전쟁 등, 전쟁과 문명간의 갈등은 계속되고 있는 가운데 우리나라는 세계적으로 유일하게 분단국가라는 굴레를 여전히 벗어나지 못하고 있다.

사실 동서양은 평화에 대한 인식에 있어서 근원적으로 그 뿌리시원에서부터 다른 배경 분위기로 사유思惟를 해 왔다. 서양은 유대민족의 뿌리 역사인 구약의 내용이 보여주고 있는 것처럼 이방민족의 존재를 대립적으로 전쟁과 갈등의 연속이었다.

그러나 동양은 그와는 달리 대우주적인 천지창조 음양陰陽 조화주 하나님 그 천기운행의 천도天道를 조상 뿌리에서부터 배워 왔었기 때문에 대우주적인 천지인天地人 공생공존의 조화사상으로 평화를 사유思惟해 왔다.

그렇기 때문에 오늘 우리나라가 유일하게 세계 속에 종교백화점이라고 할 정도로 여러 모양으로 종교가 산재해 있지만 서구와는 달리 종교간의 대립적인 전쟁은 한 번도 없었다.

그 이유는 우리 한민족 종교철학 홍익이념의 '한얼' 사상 속에는 유불선 기독교, 사대종교 스승들이 결론적으로 지향하는 신선세계, 용화세계, 지상낙원세계가 일찍이 우리 조상들이 배워서 지향해 왔던 홍익인간 이화세계 속에 모두 포괄되어 있기 때문이다.

그러한 우리 한민족 조화사상이야말로 지구촌의 사상적인 갈등과 대립을 종식시키고 진정한 인류평화를 주도해 나갈 선택받은 천손민족天孫民族임에는 틀림없다고 하겠다.

그와 같이 지구촌 역시도 태초의 천지부모 음양태극陰陽太極의 이치로 동서東西로 갈라진 뿌리 역사 문화를 종합해 볼 때 우리 한민족 고대사 기록에서 하늘 제사권祭祀權을 받고 뿌리가 세워졌다고 하는 내용이 새삼스럽게 그 믿음을 주고 있다.

21세기는 기체에너지의 정신문명 시대로 유불선儒佛仙 일심체하에 모든 종교를 섭렵하게 하고 도정일치道政一致의 성현들이 모두 출현한다는 천지인天地人 합일의 후천도수라고 했다.

그때에 천혜의 역사가 한민족이 그 중심이 된다는 것이 동서로 오고간 성현들께서 귀띔해 주신 예언이기 때문에 그 때가 이르면 진통의 역사 속에서 국혼마저 잃고 주체성 없는 실향민으로 갈라진 남북 분단의 갈등을 해소하고 가슴 깊이 맺힌 한을 풀게 될 날이 가까운 시간에 기필코 오게 될 것을 믿어 의심치 않는다.

후천後天은 해인시대海印時代로 홍익이념의 인존주의를 바탕으로 하는 문화중심세계가 한반도에 도래到來한다는 것이 태초의 하나님께서 섭리하시는 그 천기운행天氣運行이라고 했기 때문이다.

지구촌 평화통일의 열쇠

만물 가운데 유일하게 지적 고등동물로 존재하는 인간이다.

그러나 만물의 영장으로 존재하는 인간에게 유전되어 내려오는 유전자 염색체는 고도로 발달된 과학문명으로도 그 문제만큼은 풀어내지 못하고 있다.

그렇기 때문에 종교적인 구구한 억측으로 지금까지도 미궁 속에 빠져 내려오고 있다. 그 수수께끼는 결국 '나' 라는 존재, 즉 물적 증거를 지구촌 인류가 생성된 시작으로부터 시간과 공간대를 좁혔을 때에 지금 존재하고 있는 '나' 는 내 조상으로부터 이어져 내려온 유전자 몸체인 것만은 틀림이 없다.

그렇게 뿌리조상 '있음' 으로부터 비롯되어 지금 내 몸 속에 흐르고 있는 이 유전자의 염색체는 과연 언제 누구로 인해서 만들어진 것일까.

생물학상의 실험으로도 과학문명으로도 발견해 낼 수가 없는 인류

시조의 문제는 결국 우주 천체 위에 어떠한 커다란 힘의 원동력을 지배하는 절대자가 존재하고 있다는 얘기가 되는 것이다.

그것은 내 조상으로부터 물려 내려오는 내 육신 속에 반짝이는 정기精氣인 빛으로 그 수수께끼를 풀어내기 위해서는 인류시원의 뿌리 역사를 찾아 뒤척여 보지 않을 수가 없다.

지구촌 인류역사는 동서東西를 막론하고 조상으로부터 전수되어 내려온 조상 근원의 뿌리 역사를 그 나름대로 간직하고 있다. 하지만 4차원의 우주시대로 진입해 들어가고 있는 문명 속 현대인의 시각으로 볼 때는 각 민족 뿌리시원의 역사기록에서 아득한 그 옛날 천상의 신족神族들이 지구에 내려와 그들 생기의 호흡을 불어넣고 물체 인간을 창조하고, 그들에게 세상을 살아가는 여러 가지 지혜와 인간의 도리道理를 가르쳐 주는 한 편으로 조화신단들로 하여금 천상의 지식정보를 제공해 주고 있는 그 행사장면의 기록 자체부터가 마치 허구의 신화처럼 느껴지게 마련이다.

그처럼 실재성이 없게 느껴지는 것이 동서민족의 뿌리 역사 기록이다. 그 내용은 유대 이스라엘민족 창조수호신 여호와가 지구에 내려와 에덴동산을 창설하고 흙을 주물러서 남자 아담부터 만들어서 깊이 잠재워 놓고 그의 갈비뼈 하나를 취해서 여자 이브를 창조했다는 것이나, 오늘 현대인들이 '그리스 로마신화'라고 하는 그 내용의 분위기나 크게 다를 것이 없다. 거기에서 전개되고 있는 상황이나 분위기 장면이 미국의 작가 토머스 불핀치의 상상력에 의한 작품이라고 보기에는 어려울 정도로 구약 속에서 요한이 보고 왔다는 천상세계의 기록과 다르지 않다는 점이다.

그러한 분위기는 또한 구약의 내용 속에서 전개되고 있는 상황묘사 그 장면과 크게 다를 것이 없다. 주신主神 여호와가 이스라엘 제사장으로 뽑아 세운 모세뿐만 아니라 장로들을 불러 모으고 여러 가지를 지시하고, 또 일명 천사라는 그 보좌신명들과 함께 펼쳐 보여주던 무대 장소가 주로 '호렙산' 과 '시내산' 이었다.

그 행사 분위기와 '그리스 로마신화' 내용과 견주어 비교 분석해 볼 필요가 있다.

신들의 거처는 뎃살라니아에 있는 올림포스 산 꼭대기에 있었다. 그곳에는 '계저레이' 라 부르는 여신들이 지키는 구름의 문이 하나 있었는데 이 문은 천상의 신들이 지상에 내려갈 때나 다시 천상으로 돌아갈 때에 열렸다.

신들은 각기 처소를 가지고 있었는데 제우스 주신의 소집이 있으면 모두 제우스(주피터) 델피 신전에 모였다. 지상이나 수중 또는 지하에 살고 있는 신들까지도 모여들었다. 이 올림포스의 주신이 사는 궁전의 큰 홀에서는 또한 많은 신들의 음식과 음료인 암브로아와 넥타르로 잔이 날라졌다.

이 연회석상에서 신들은 천상과 지상의 여러 가지 사건들을 이야기하였다. 그리고 그들이 넥타르를 마시고 있을 때면 음악의 신 아폴론이 리라를 타서 다시 그들을 즐겁게 해 주었고, 무사(뮤즈) 여신들은 이것에 맞추어 노래를 불렀다. 해가 지면 신들은 각자 자기 거처로 돌아가 잠을 잤다.

그와 같은 내용의 구성이 다만 작가의 상상력에 의해서만 만들어진 것일까? 그 생각을 해 보게 하는 것은 유대민족의 제일의 제사장으로 뽑힌 모세가 감응을 받고 썼다는 구약 〈창세기〉의 내용이나 〈출애굽기〉 등의 상황전개와 크게 다르지 않고 유사하기 때문이다.

그러나 그처럼 허구의 신화같이 느껴지는 내용의 기록들이 동서민족의 뿌리 역사 시원에서 각 족속마다 그와 같은 형태의 장면이 유사하게 전개되고 있다는 점이다.

　우리 배달한민족 태고사太古史 역시도 마찬가지다. 아득한 그 옛날 조상신 환웅천제桓雄天帝께서 삼천의 보좌신명들을 거느리고 하늘 문을 열고(開天) 해가 뜨면 제일 먼저 비친다는 지구 중심의 동방 백두대간 한밝산에 내려오셨다고 했다.

　그리고 보좌신명들로 하여 천제단을 쌓게 하고 하늘에 고천告天을 하시고 난 후, 배달한민족의 조상 뿌리 남자 아반과 여자 아만을 창조했다는 것이며, 그로부터 점차적으로 자손이 번성하여 배달나라가 세워졌다는 기록이다.

　그와 같은 민족시원의 고대사古代史를 문명된 지구촌 현대인들이 실재적인 배달한민족 뿌리 역사로 인정하기에는 결코 쉽지 않은 일이다. 그렇기 때문에 일본제국시대에 그들이 노린 것이 영구적인 식민정책의 일환으로 우리 배달한민족 뿌리 역사를 실재성이 없는 허구처럼 ‘단군신화’로 왜곡시켜서 표류시켜 버렸었다.

　그 이유가 국가와 나는 불가분의 관계라는 민족뿌리정신이 공동체적인 민족주체사상 정신으로 하나로 뭉쳐지게 되면 그 어떤 무기보다도 강력한 힘을 발휘하게 된다는 것을 그들은 그때 벌써 그 이치를 알았기 때문에 전략적으로 한민족 뿌리 역사를 신화로 왜곡시켜 버린 것이다.

　그러나 그러한 민족 주체성을 지구촌에 유일하게 독보적으로 내세워 보여주고 있는 형태가 특히 유대 이스라엘 민족이다. 물론 그처럼 강인한 민족정신은 그들의 창조수호신 여호와로부터 이방민족을 압도 제압하는 전략적 가르침을 받고 심어진 민족정기에 의한 것임을 그들의 뿌리 역사 구약의 내용을 통해서 유추해 볼 수 있게 해 주고 있다.

그처럼 독보적인 그들의 민족정신이 오늘 지구촌에 조상의 유전인 자 그 피부 색소를 달리하고 분파되어 있는 오색인종五色人種을 유대민 족의 조상 뿌리 그 혈통계보에 단일화시키고 있다. 그 논리가 유럽에 서 태동된 서구 기독신학이다.

그와 같이 억지스럽고 비합리적인 그들의 성서풀이가 기독교 스승 성자 예수께서 지칭하신 대우주적인 영계靈界의 성부하나님 신위神位 에 지엽적인 유대민족 창조수호신에 국한된 여호와를 격상시켜 올려 놓고 지구촌에 분파된 모든 민족이 유대민족의 조상 아담과 이브의 혈통계보 자손이라는 논리다. 하지만 지구촌에 분파된 오색인종은 그 들마다 유대민족 뿌리 역사 구약의 상황전개나 다를 것이 없는 조상 뿌리의 역사를 나름대로 간직하고 있다는 사실이다.

그것이 실재성이 없는 신화로 꾸며진 이야기라고 한다면 구약의 내 용 속에서 보여주는 유대민족의 조상신 여호와의 물질인간 창조 행사 장면 역시도 마찬가지다. 우주시대를 열어가는 현대인의 의식으로 볼 때는 비과학적으로 합리성이 없는 내용이라고 부정할 수밖에 없다.

구약의 내용 속에는 많은 신들의 이름이 등장한다. 그리고 그들이 전개해 나가는 행사장면을 기록하고 있다. 그러한 내용을 실재적인 역사로 인정하고 이해하기란 결코 쉽지가 않은 일이다. 마치 허구로 꾸며진 이야기처럼 전개되고 있기 때문이다.

그와 같이 지구촌 인류시원의 뿌리 역사는 동서가 마찬가지로 지구 에 내려와 인간농사 업장을 벌리는 신들의 행사장면을 유사하게 기록하고 있다는 점이다.

하지만 그러한 내용이 유일하게 지구촌에 '진실의 서' 라고 내세워 자랑하고 있는 유대 이스라엘민족 뿌리 역사가 구약이다. 그 주제의 내용 속에는 주신 여호와 외에도 많은 신들이 등장한다. 그 신들의 행사가 인간과 마주 대하고 앉아 음식도 함께 나누어 먹으며 대화를 나누는 장면뿐 아니라 심지어는 그 신들이 마음에 드는 여자를 취해 성교를 갖고 자식을 낳았다는 그 아들이 고대 용사였다는 기록이다.

그러한 내용은 어느 민족이나 그 뿌리 역사 시원에서 유사하게 공통적으로 가지고 있다. 그처럼 지구촌 인류역사는 신과 인간이 하나로 어우러졌던 신인합발시대가 있었음을 특히 구약의 내용 속에서 밝혀볼 수 있게 해 준다.

그와 같은 형태가 인류시원의 뿌리 역사로 과거 원시시대에서 구석기, 신석기, 청동기시대를 거쳐 점차적으로 사고思考하는 인간의식이 진화 발전되어 나오는 과정에서 천상의 신들이 보편적인 사람의 모습으로 지구에 내려와 그 가르침의 행사를 각기 여러 가지 모양형태로 펼쳐 나왔음을 구약의 내용 속에 기록해 두고 있다.

그처럼 하늘에서 지구에 내려온 천상의 사람, 그 신족들이 보좌신명들과 함께 저마다 족속을 이루고 자국의 백성들에게 가르쳐준 조상신 호흡의 정기가 그 민족 전통문화를 이루어 나왔음을 특히 유대민족 뿌리 역사 구약을 통해서 그와 같이 유추해 볼 수 있게 해 주고 있다는 사실이다.

유대 이스라엘민족 창조수호신 여호와가 그 백성들에게 가르쳐 주고 있는 행사모습 기록에서 특이하게 돋보여주는 장면이 이방민족과의 맞수대결이다. 그 행사에서 여호와는 이방민족을 압도 제압하고 승전할 수 있는 전략 작전뿐만이 아니라, 문명된 천상의 4차원 신무기 개발에 대한 정보까지를 제공해 보여주고 있으며, 심지어는 이스라엘 성전을 건축하는 데 그 치수와 제사장이 입을 제복의 모양형태까지도 자상하게 가르쳐주고 있는 행사모습이다. 그로인하여 지구촌에 유일하게 과학문명을 앞서 발전시켜 나오는 데 크게 도움을 주었던 것만은 사실이다.

오늘 서양이 지구촌에 물질문명을 앞서 발전시킬 수 있었던 것은 유대 이스라엘 민족의 조상신 여호와 가르침의 행사, 그 호흡으로 심어진 그 민족 전통문화 유산임에는 틀림이 없다. 그 민족정신은 유전적인 조상신의 가르침, 그 정기精氣로부터 심어지는 것이기 때문이다.

그 민족정기에 의해 비롯된 것이 유대 이스라엘 민족 그 우월성을 높이기 위한 전략작전으로 지엽적인 그 민족 창조주신에 국한된 여호와를 오늘 지구촌에 유일하게 전파되고 있는 기독교 스승 성자 예수께서 지칭하신 대우주적인 성부하나님 신위神位에 그처럼 격상시켜 설파하고 있는 형태다.

그러한 논리를 바탕으로 여호와 하나님으로부터 유일하게 지구촌에 선택받고 그들의 조상 뿌리가 세워진 선민先民이라고 내세우고 있다. 하지만 구약과 신약을 엄격히 분석해 볼 때, 그러한 서구 기독신학 논리는 특히 성자 예수로 문이 열린 신약복음 속에 담아 두고 있는 근원적인 가르침과는 달리 이치적으로도 합리성을 주지 못할 뿐만 아니라, 기독교 스승 가르침에도 크게 위배되고 있다.

구약의 내용 속에는 인류문명 발전사와 지구촌에 그 유전인자 색소를 달리한 오색인종五色人種의 창조신들이 그 민족을 어떻게 이루어 나왔는가 하는 것을 미루어 짐작해 보게 하는 기록들이 원시형태 그대로 진솔하게 묘사되고 있다.

그러나 기독교 스승 가르침으로 새롭게 문이 열린 신약성서 속에는 유대민족 창조주신 여호와의 행사뿐만이 아니라, 각자 그 이름 성호를 붙이고 구약에 등장했던 이방민족의 주신들이나, 또 그처럼 수시로 등장하던 일명천사 등, 그 보좌신명들의 행사모습 역시도 일체 단절상태로 언급되지 않고 있다.

그 이유가 바로 기독교 스승 성자 예수께서 분별하라고 말씀하신 그 시대변화다. 구약시대는 성부하나님의 종복從僕들이 지구에 내려와 그들의 영광이 된다는 구획적인 동산을 창설하고 그 호흡의 생기를 불어넣어가면서 물체인간 농사업장을 펼치고 열심히 가꾸던 시대였기 때문에 그렇게 본질상 하나님이 아닌 유대민족의 주신 여호와의 가르침 그 율법구약시대가 마감되었음을 신약복음 속에서 분명히 밝혀주고 있다는 사실이다.

그 섭리역사가 구약 초등학문시대에서 성자 예수 영혼생명의 천법 그 고등학문의 시대로 전환되어 문이 열린 신약에서 예수께서 이스라엘 백성들을 향해서 하신 말씀이 세상물질 지향적으로 육체를 위해 사는 삶은 영원성이 없는 사망의 자식으로 헛된 쾌락만을 추구하면서 살아가게 마련이라고 하시며, 그 모습이 이스라엘 백성들이라는 뜻에서 '회칠한 무덤' 에다 비유하시고, '너희는 살아있으나 죽은 자들이다' 라며 그렇게 걸어다니는 송장에 비유하셨던 것이다.

그리고 그들에게 하신 말씀이 이제부터 하늘나라 '새 계명' 을 너희에게 주노니 천지창조를 하신 성부하나님 그 사랑의 말씀을 와서 듣고 지금까지 세상물질 지향적으로 추구해 오던 헛된 마음의 생각을 비우고 거듭나라고 하시며, '부자가 천국 들어가기가 낙타가 바늘구

멍으로 들어가기보다도 더 어려우니라' 하시고 거기에 덧붙여 하신 말씀이 영원한 하늘나라 천법을 배우라고 하시었다.

그 말씀이 고등종교 스승 기독교 세계관으로 정심정도正心正道로서 육신본능의 오욕칠정五慾七情을 다스리고 사는 삶이란 고뇌가 따르게 마련이지만, 그러나 그 자체가 자아성찰自我省察하는 수행으로 무소부재無所不在하시고 활달자재豁達自在하시는 성부하나님의 자녀로 영원한 새 생명을 얻게 된다고 하신 것이다.

그 가르치심이 구약시대 선지자들이 예언한 구세주 메시아 출현으로, 그 영혼생명에 대한 가르침의 말씀이 하나님은 인간 영혼을 성숙시키기 위해 누구에게나 감당할 만한 고통 외에는 주지 않는다고 하시며 각자 몫으로 주어진 그 고통의 십자가를 짊어지고 나를 따르라고 하셨음이다.

그렇게 각자 몫으로 주어져 있다는 십자가의 고통을 주어진 운명으로 받아들이고, 또 거기에 순종하는 아들로서의 그 모델이 되어 보이시기 위해 이후 제자들을 데리고 오르신 산상기도에서 "아버지여! 이 쓴 잔을 내게서 면하게 해 주실 수는 없사옵니까. 그러나 내 뜻대로 마옵시고 아버지의 뜻대로 하옵소서." 바로 그것이었다.

그 가르치심이 물체 인간 영혼 성숙을 위해서 누구에게나 각자 몫으로 주어진 삶의 고통이 있다는 것을 그렇게 실재적인 모델로서 보여주신 것이며, 또한 그 행보에서 아버지의 뜻에 따라 순종하는 아들로서의 모습을 보여주기 위해 십자가를 짊어지셔야 했던 성자 예수의 고통이 만세전부터 정해져 있었다는 성서적인 그 운명론이다.

그렇기 때문에 그 쓴잔을 면하게 해 주실 수는 없느냐고 절규를 토하셨지만, 그러나 그 고통스러운 일이 어둠 세상에 빛으로 아버지의 뜻을 이루기 위한 일이라면 주어진 운명에 묵묵히 따르겠다며 순종하는 아들로서의 모습을 제자들 앞에서 그렇게 모범적으로 나타내 보여 주셨던 것이다.

그 모습이 바로 평소에 제자들에게 "하나님의 온전하심과 같이 너희도 온전함을 이루라." 그렇게 말씀하시고 그 어떤 환경 속에서 어려움을 당하고 고통을 받더라도 그것은 인간 영혼 성숙을 위해 하늘이 각 사람에게 운명적으로 정해 주신 인연법에 의한 것이기 때문에 그 이치를 바로 깨닫고 "범사에 감사하라"고 하시며, '하나님은 각 사람에게 감당할 만한 십자가 외에는 주지 않는다' 고 하셨던 그 말씀의 뜻이 바로 거기에 있었던 것이다.

그렇게 각 사람에 주어져 있다는 삶의 고통, 그 십자가를 짊어지고 "나를 따르라"고 말씀하신 예수께서 이후에 실재적으로 그 고통을 짊어지시고 보여주신 모습이 그처럼 무거운 십자가를 짊어지고 골고다 산상을 오르며 비틀거리고 넘어져 쓰러지기도 하시면서 그것이 물질 세상에 태어난 인간 누구나 그렇게 겪어야 할 삶의 행로임을 인자로 출현하시어 그 표징의 모델이 되어 보여주신 것이었다.

지난날 제자들이 보는 앞에서 물위를 여유자적하게 걸으시며 기적을 보여주셨던 성자 예수다. 그런 능력이었음에도 불구하고 골고다 산상을 오르면서 십자가를 짊어지고 그처럼 비틀거리며 쓰러지기도 하셨다는 것은 누구에게나 운명적으로 그와 같이 주어진 고통의 업장을 닦아야 할 인생 수행의 길이 그처럼 힘들다는 것을 그 상징적 모습으로 나타내 보여주고자 하신 것임에 틀림이 없다.

그렇게 거룩하신 성부하나님의 아들 성령께서 인자로 세상에 출현하시어 주어진 운명에 순응하는 모습을 보여주기 위해서 고통의 십자가를 짊어져야 했던 성자 예수 고난의 행보가 마침내 십자가 형틀에서 그처럼 가시면류관을 쓰고 팔과 다리에 쇠못이 박혀 성체에 물과 피를 쏟으시며 고통을 당하고 있을 그때였다.

적대자들이 비웃으며 조롱의 언사를 내뱉었다.

"네가 진정으로 하나님의 아들로서 세상에 온 구세주라면 그 능력으로 거기에서 뛰어내려 보라!"

하지만 예수께서는 지난날 제자들 앞에서 펼쳐 보이시던 그 기적의 능력을 일체 행사하지 않으셨다. 그리고 오히려 하신 말씀이 "아버지여, 저들이 몰라서 그런 것이오니 용서하시옵소서."

그처럼 원수까지도 용서하고 사랑하라고 하셨던 말씀에 또한 그 모델이 되어 보여주시고, 마지막 운명의 순간에 "다 이루었다." 그 다섯 마디를 남기셨다.

그 말씀의 뜻이 바로 운명적으로 자신에게 주어진 십자가의 고난을 통해서 원수까지도 용서하고 사랑해야 하는 것이 천지창조 성부하나님의 사랑이라는 것과, 그 푯대를 십자가의 고난을 통해 서 이 세상에 그렇게 나타내 보여주시기 위해서 희생의 제물이 되어야 하는 그 운명에 순종하는 아들로서의 모습을 보여주심으로 "나는 아버지의 일을 행하러 왔노라" 하신 그 소명을 이제 다 마치고 영계靈界의 성부하나님 우편으로 다시 원대 복귀하신다는 의미를 내포하고 있는 말씀이었다.

그와 같이 지구촌 인류평화를 위해 구약시대 그처럼 이방민족과 맞수대결로 피 흘림이 심했던 죄 많은 유대 땅에 출현하시어 '네 이웃을 내 몸과 같이 사랑' 하시고, 또 '원수까지도 용서하고 사랑하라' 하셨던 그 말씀에 그렇게 모델이 되어 보이시기 위해 하나님께서 기뻐하시는 산제사로 희생의 제물이 되어야 했던 것이 성서적으로 만세전부터 정해져 있었다는 성자 예수의 운명론이다.

그렇게 원수까지도 사랑해야 한다는 인류평화의 모델로 물체인간 영혼구원을 위해 희생의 제물이 되어야 할 운명의 상징성을 성서는 '어린 양'으로 묘사하고 있으며, 그 비유를 유대민족의 창조주신 여호와는 그 자손 혈통계보를 통해서 일찍부터 나타내 보여주고 있었던 것이다.

그 비유적인 행사 모습이 아담과 이브의 첫 소생의 자손 카인은 농사를 짓게 했고, 두 번째로 태어난 동생 아벨은 들에서 양을 치는 목동으로 두 형제의 첫 소산을 제사 번제물로 바쳐 올리게 했었다. 그런데 그 어떤 이유 없이 두 번째로 태어난 아들 아벨의 제사만 기쁘게 받아 흠향을 하고 농사를 짓게 했었던 아담의 첫 소생 카인의 제사는 받지를 않았다. 거기에 질투를 느낀 형 카인은 이후 들판에서 양떼를 몰고 있는 동생 아벨을 칼로 내리쳐 무참하게 쳐서 죽이고 말았다.

그 또한 만세전부터 예정되어 있었다는 성부하나님의 인간농사 업장에 대한 상징적인 비유로 두 번째로 태어난 아벨이 들에서 양을 치는 목동으로 주인이 그 제사를 기쁘게 받으시게 된다는 의미의 표상이 성자 예수로 인류구원을 위해 희생의 제물이 되어야 할 '어린 양'이 하나님께서 진정으로 기쁘시게 받으실 그 산제사라는 의미를 그렇게 내포하고 있는 것이었다.

여호와신이 그처럼 그 자손혈통 계보를 통해서 그와 같이 나타내주고 있는 그 비유처럼 하늘나라 상속권이 없이 지구에 먼저 태어난 하나님 종의 자손이 이스라엘 백성들이라는 그 상징적인 의미다. 그 사건이 유대민족 텃밭에 만세전부터 예정되어 있는 성부하나님의 뜻이라는 것을 성부하나님의 종복 여호와는 그 뿌리 세움의 시원에서부터 두 형제에게 바쳐 올리게 했던 제사제물 헌납을 통해서 그 상징성을 나타내 보여주고 있었음이다.

그처럼 성부하나님의 뜻을 받들어 지구에 내려와 인간농사 업장을 벌린 여호와 신이었기 때문에 그 섭리하심의 뜻을 알고 있었다는 것을 그 행사를 통해서 나타내 보여주고 있었던 것이며, 그러한 섭리 가운데 만세전부터 인류구원을 위해 성자 예수 십자가 고난의 피 흘림으로 예정된 혈족 텃밭이 유대 이스라엘 민족 혈통계보였었음이 틀림이 없다.

그것이 성서적인 예정론이기 때문에 구약시대 그 텃밭에 오고간 선지자들의 입을 통해서 천지창조 하나님께서 때가 이르면 보내주시겠다는 만왕의 왕이 구세주 메시아 출현으로 그 언약이 성부하나님의 약속이라는 것이었다.

그와 같은 성부하나님 사랑의 약속이 여호와로부터 에덴동산에서 창조되어진 유대민족의 조상 뿌리 아담과 이브의 혈통계보 자손들이 점차로 번성되어 소수집단 형태에서 드디어 이스라엘 국가형태를 이루기까지 4,000년이라는 시간대가 흘렀을 때였다.

그 기간 동안에 이방민족과의 대립적 맞수대결로 그처럼 피 흘림이 심했던 유대 땅에 비로소 선지자들이 예언한 평강의 왕 구세주로 출현하신 성자 예수께서 하신 말씀이 "죄 많은 곳에 하나님의 은혜가 풍성하다"고 하셨던 것이다.

예수께서 말씀하신 하나님의 그 은혜가 바로 인류구원의 구세주로 능치 못함이 없다는 뜻에서 그에 대한 이름을 선지자들은 '기묘자'라고 묘사하고 있었으며, 그렇게 능치 못함이 없다는 기묘자가 태초의 빛으로 천지만물을 창조하신 성부하나님 능력의 아들로 선지자들을 통해서 때가 이르면 하나님 사랑의 선물로 유대 땅에 보내주시겠다고 하신 약속이다. 그 언약이 4,000년 만에 비로소 이루어진 것이다.

선지자先知者란 태초의 하나님 그 섭리하심의 뜻을 세상에 미리 알려주는 소명召命을 받고 온 사람이라는 뜻이다. 그 선지자들이 예언한 하나님 약속의 언약이 그처럼 은혜로우신 천지창조 하나님께서 만세 전부터 그 섭리 가운데 예정해 두셨다는 사랑의 선물로 하나님의 우주정신 그 사랑의 도道를 설파하신 기독교 스승 성자 예수다.

그 가르치심이 태초의 하나님 인류구원의 희소식으로 예수께서 '내 아버지 하나님은 만민을 사랑하신다' 고 하신 천국복음天國福音으로, 생명의 근원을 모르는 사망의 자식들에게 영혼생명의 그 이치를 깨닫게 하여 거듭남을 입게 해 주시겠다는 말씀이 하늘나라 복된 그 복음福音의 소식이라는 뜻이다.

그처럼 복된 진리의 말씀을 신약성서新約聖書라고 한 것은 구약시대 인간들에게 영혼생명의 소망과 믿음을 심어주지 못하는 여호와 초등학문 가르침의 율법시대를 성자 예수 영혼생명의 말씀으로 마감시키도록 하나님 사랑의 섭리 가운데 만세전부터 예정되어 있었다는 그 '새 언약' 의 문서라는 뜻이다.

그렇게 인류에게 복된 천지창조 하나님 사랑의 약속이 구약시대 그처럼 너와 나를 개체로 가르는 이분법二分法만을 창조수호신 여호와로부터 배워온 사망의 자식들에게 선지자들이 예언한 만왕의 왕, 구세주 성자 예수께서 인류구원의 희소식으로 설파하신 하늘나라 영원한 생명의 말씀이란 것이었다.

하지만 구약시대 기존의 기복신앙적인 여호와 율법관례의 틀 속에 묶어있었던 유대교인들은 와서 듣고 영원무궁한 생명으로 거듭남을 입으라는 구원의 말씀을 들어도 이해하지 못했을 뿐만 아니라, 또 받아들이려는 생각조차도 갖지 않았다. 구약시대는 무엇보다도 혈통과 가문 그리고 외모를 중시하던 시대였다.

그런 시대분위기였던 만큼 이스라엘 백성들은 선지자들이 예언한 만왕의 왕, 그 구세주 메시아 출현은 적어도 구중궁궐이 아니면 구약시대 기득권을 차지하고 있는 제사장이나 서기관들의 혈통계보를 타고 만왕의 왕답게 위엄이 있는 모습으로 근사하게 출현할 것이라고 기대하고 있었던 것이다.

그러나 그러한 그들의 상상을 완전히 뒤집어엎고 출현하신 성자 예수였다. 그것도 생부生父가 분명치도 않은 사생아로 더없이 빈천한 환경 속에서 누일 자리도 없었다는 말구유에서 태어나 걸레보따리에 싸안아 여물통에 눕혀졌다는 것이 성자 예수 출생환경이다.

그러한 환경 속에서 태어나 그 시대 신분적으로 천대를 받았던 목수인 의붓아버지 요셉의 문짝 심부름이나 해 주면서 학교문전에는 가 본 일이 없었다는 것이 성자 예수의 성장배경이다. 거기에다가 외모 또한 음지에서 자란 연한 풀처럼 볼품이 없었다고 했다.

그것이 아무나 알아보지 못하도록 감추신 하나님의 비밀이었다는 성서기록이다. 그와 같이 낮고 천한 신분에 볼품도 없이 세상에 출현하신 성자 예수의 행적은 13세 이후 상인들을 따라 동방여행을 하고 30세에 다시 이스라엘로 돌아왔었음을 인도사원에서 그 행적의 고문서 자료가 발견되어 쇼킹뉴스로 보도되기도 했다.

그러한 보도 뉴스에 타종교는 일체 인정하지 않는 기독교인들은 스승에 대한 자존심 문제라며 반론이 분분하게 제기되기도 했었다. 하지만 그 진의야 어찌되었든 성서 기록상으로 13세 이후 29세까지는 예수의 행적이 공백상태로 단절되어 있는 것만큼은 사실이다.

예수께서 이스라엘 백성들 앞에 이윽고 그 모습을 드러내시고 하늘나라 영혼생명의 말씀을 설파하신 것은 그 나이 30세부터였다. 그 시초에 예수께서 하신 말씀인 즉, 와서 듣고 그 말씀을 은혜로우신 하나님 사랑의 약속으로 선지자들이 예언한 구세주로 믿는 자는 '영혼구원을 받으리라!'고 외치셨다.

그러나 그들은 고개를 돌려 비웃고 우리가 너의 출생성분을 다 알고 있는데 무슨 헛소리냐고 배척을 하고 선지자들이 예언한 구세주 메시아로 도무지 믿어주려고 하지를 않았다.

그렇게 냉담한 그들을 향해 예수께서 하신 말씀이 '육은 무익하니라' 하시고 그 환경이나 외모를 취하지 말라고 하시며, 하나님 아들의 능력을 나타내 보이기 시작했던 것으로, 이스라엘 성전 앞에서 앉은 뱅이를 일으켜 세워 보이고, 눈 먼 봉사의 눈을 뜨게도 했으며, 또 죽은 나사로를 살려 내셨을 뿐만 아니라 귀신을 쫓아내고 혼인 잔치 집에서 물로 포도주를 만들기도 했으며, 제자들이 보는 앞에서 물 위를 걷는 등, 여러 가지 형태로 그 기적의 능력을 수없이 나타내 보이셨던 것이다.

하지만 그들은 그러한 기적의 능력을 나타내 보이시는 예수를 오히려 귀신이 들린 사람으로 취급을 하고 등을 돌려 돌멩이를 주워 던지고 내쳤다. 그러나 그러한 분위기 속에서도 그 말씀과 능력을 유일하게 믿고 따르는 제자들이 있었다.

그들은 성자 예수나 마찬가지로 그 시대 신분적으로 대우를 받지 못한 가난한 사람들로 수제자 베드로만 하더라도 바다에서 그물을 던져 고기를 낚아 생활하던 어부였다. 그 제자들이 성자 예수께서 설파하신 천국복음의 말씀을 듣고 감화되어 초기에 입문한 첫 신도들로서 열두 제자들이다.

그렇게 예수께서 설파하신 영생의 말씀에 교화되어 기존의 유대교에서 전향한 제자들이 하늘나라 영혼생명의 말씀을 적대시하는 과거 유대교 전통파 동료들에게 기독교인으로 개종하라는 의사전달의 의미에서 담대하게 써 보낸 메시지가 그들이 추종해 따르는 스승 예수가 구약시대에 선지자들이 예언한 하나님 약속의 구세주 메시아 출현이라는 것과, 거기에 대한 증거로 그들이 직접 보고 느낀 기적과 영적 경험에 대한 의미를 강조한 것이다.

거기에 또한 첨가된 내용이 각자 자신이 직접 보고 느낀 바 그대로 스승이신 예수께서는 세상적인 지위와 빈부의 격차 없이 모든 사람을 평등하게 사랑하신다는 성부하나님의 아들로 그 은혜와 사랑을 종족과는 관계없이 모든 사람에게 복음으로 전파하라고 하셨다는 것을 강조하고, 또 그처럼 각자가 스승과 함께 생활하면서 보고 느끼며 체험했던 이야기들을 참고로 모아 보낸 편지가 이후 신약성서를 구성할 수 있었던 예수 생애에 대한 고증적 참고자료가 될 수 있었던 것이다.

그러한 자료 기록에 부가 첨부된 내용이 그 당시 그처럼 예수를 반목시하는 유대교 신도들과 특히 적대적인 입장에서 맞서 온 제사장과 서기관들이 성자 예수를 시대의 이단자로 내몰아 마찰을 빚는 상황장면 그대로를 담고 있으며, 또한 성자 예수께서 이르신 교훈과 가르침의 말씀을 표준으로 그 깨달음의 원리는 한밤의 꿈같은 세상적인 헛된 부귀영화만을 전부로 알고 추구하며 살아가는 미완된 인간의 의식을 바꾸었을 때, 비로소 영원하신 하나님과 일체관계를 이룰 수 있는 능력자로 변신될 수 있다는 그 믿음과 소망을 여러 가지 형태의 기적을 보여주면서 심어주고자 하신다는 것으로 그 말씀이 인류구원의 희소식이라고 전한 것이었다.

그 영혼생명의 희소식이 구세주 인류구원의 말씀으로 하늘나라 복된 천국복음天國福音이라는 뜻에서 예수께서 그 백성들을 향해 외치심이 '나는 길이요, 진리요, 생명이라'고 하셨던 것이며, 그 진리의 말씀을 듣고 세상 물질지향적인 여호와 율법의 초급적 기복신앙관에서 이제는 벗어나 새롭게 마음을 정리하고 닦아 정신을 맑게 거듭남을 입으라고 하신 것이다.

그렇게 하늘나라 복된 영생의 말씀을 듣고 새롭게 거듭남을 입었을 때, 비로소 천리天理와 사리事理를 분별하게 됨으로 세상적인 도리道理에 있어서도 어긋남이 없는 '참 사람'으로 영혼생명의 실체를 자각하고 영원하신 하나님과 일체관계를 이루게 된다는 것이며, 그와 같이 인간 영혼이 성숙되었을 때, 성부하나님께서 그처럼 고대하고 바라시는 의인義人의 반열에 오르게 됨으로 너와 내가 하나님의 자녀로 형제라고 부르기를 부끄러워하지 않겠다고 하시었음이다.

그 말씀이 태초에 빛으로 천지창조를 하신 영계靈界의 성부하나님께서 종들(神界)을 시켜서 지구에 물체인간 농사업장을 이루게 하신 뜻이라는 의미다. 그 섭리하심이 하나님 종들에 의해 영원성이 없이 창조된 허상의 물체 인간들에게 그 시절에 맞추어 영혼생명을 불어넣어 거듭 재창조를 시키도록 아들을 보내시어 그 뜻을 이루고자 하심이 하나님의 사랑으로 구세주 성자 예수를 유대 땅에 보내신 섭리가 그 완성을 위한 목적으로 성부하나님께서 고대하고 바라시는 그 뜻이라고 하신 것이다.

그러한 뜻에서 예수께서 너희가 와서 영혼생명의 말씀을 듣고 거듭남을 입었을 때, 내가 천지창조 하나님을 아버지라고 부를 수 있음과 같이 영원무궁하신 하나님의 자녀가 될 수 있도록 그 길을 진리의 말씀으로 안내해 주기 위해 그 소명을 맡고 세상에 출현하셨다고 하시며, 그 섭리하심의 이치를 밝혀주신 말씀이 성자 예수로 문이 열린 기독교 신약복음의 전체적인 내용이다.

그와 같이 지극하신 알파와 오메가 천지창조 하나님의 섭리역사에 의해서 이 세상에 그 소명을 맡고 출현하셨다는 성자 예수께서 이스라엘 백성들을 향해서 하신 말씀이 이제는 본질상 하나님이 아닌 여호와의 가르침 그 초등학문의 제사의식으로 속죄함을 받는 율법규례에서 벗어나라고 하시며, 하늘나라 영혼생명의 말씀을 와서 듣고 마음으로 올리는 진정한 기도가 성부하나님께서 기뻐하시는 산제사로 속죄함을 받고 하나님을 아버지라고 부를 수 있는 자녀로서의 양자권養子權을 얻을 수 있게 된다는 말씀이었다. 그러나 이스라엘 백성들은 그 뜻을 도무지 이해하지 못했다.

구약시대 분위기는 이스라엘 백성들이 절대자 천주天主 하나님으로 믿고 섬기는 여호와에게 속죄 물을 올려 죄 사함을 받는 중보역할의 특권을 제사장이 맡고 있었다. 그런 만큼 제사장의 그 한 마디가 여호와 지상명령의 계율戒律이나 마찬가지로 인정을 받고 있었기 때문에 왕권보다도 더 우월적인 능력행사를 펴고 있을 때였다.

그런데 예수께서 이제 그 여호와 초등학문 율법규례의 제물헌납 제사에서 해방시켜 주러 왔노라고 하시며, 그 율법규례의 제사의식에서 너희가 벗어나라는 말씀이었고 보면 제사장제도가 문을 닫아야 함을 의미하기 때문에 분노한 제사장과 거기에 소속된 서기관들은 마침내 성자 예수를 시대의 이단자로 내몰아 십자가에 매달아 참수형을 시키기로 모의한 것이다.

그들이 모의한 참수형의 죄목이 이스라엘 백성들이 오직 유일하신 천주天主 하나님으로 믿고 숭배하며 섬기는 여호와를 감히 본질상 하나님이 아니라고 지적하시고, 그 가르침의 율법은 초등학문이므로 이제 그 굴레에서 벗어나라고 하신 그 말씀이 바로 여호와를 그토록 폄하시킨 '불경 모독죄인'으로 십자가에 매달아 참수형을 시켜야 한다는 것이 그 죄목이었다.

하지만 그러한 그들의 어둠역사 행사가 성서적으로 태초의 성부하나님 그 섭리 가운데 이미 예정되어 있었다는 성자 예수의 운명론이다. 그 십자가의 고난을 통해서 보여주신 생체부활의 모습이 선지자들이 예언한 그 '기묘자' 만왕의 왕, 구세주 능력의 모습으로 태초 천지창조 하나님과 함께 만물을 지으셨다는 그 빛의 아들 기묘자로서의 능력을 장사한 지 사흘만에 사망의 권세를 깨뜨리고 활달자재豁達自在하는 능력행사를 그처럼 실재적으로 제자들에게 입증시켜 보여주신 것이다.

그렇게 생체부활하신 예수께서 제자들 앞에 다시 그 모습을 나타내 보이시고 하신 말씀이 그토록 활달자재할 수 있는 그리스도 부활의 능력과 그 사랑의 말씀을 인종을 초월하여 각 족속들에게 전파하라고 당부하셨다. 그 말씀이 그리스도 인류구원의 희소식으로 신약복음의 내용이다.

그러한 성자 예수 인류구원의 섭리역사가 그토록 이방민족과 맞수 대결의 피 흘림으로 죄 많은 유대 땅을 성부하나님께서 택하시고 이루려하신 은혜며 사랑으로, 평소에 제자들과 함께 지내시면서 "한 알의 밀알이 땅에 떨어져 썩으면 많은 열매를 맺으리라." 그 말씀이 죽을 수밖에 없는 사망의 자식들에게 십자가의 생체부활을 통해 영생의 소망을 믿음으로 심어줌으로써 영혼 거듭남을 입고 하나님의 자녀를 만들기 위해 운명적으로 자신이 십자가를 짊어지고 피를 흘려야 하는 그 고난을 받게 될 것임을 평소에 그렇게 비유적으로 암시해 주셨던 것이다.

그와 같이 인류구원을 위해 하나님의 사랑으로 보내심을 입고 성체에 물과 피를 흘리셔야만 했던 성자 예수 고난을 상징으로 십자가에 불을 켜고 그 영혼불멸의 능력을 푯대로 세워 나타내 보여주고 있는 정경이 그리스도 기독교 세계관이다.

그렇게 기독교 스승 성자 예수께서 생체부활하신 이후, 그 제자들에 의해서 증거되기 시작한 그리스도 인류구원의 말씀이 초등학문적인 구약시대 가르침의 성격과는 그 차원이 전혀 다른 하늘나라 영혼 생명의 희소식이라는 천국복음天國福音으로 신약성서다.

하지만 성자 예수를 성부하나님의 아들로 전혀 인정하지 않고 이단의 괴수로 내몰아 처형했던 이스라엘 제사장들에 의해 유대교 여호와 유일신 숭배사상에 주입된 그 후손들은 성자 예수의 가르침 그 신약 복음 성서 자체를 부인하면서도 루터(Luther)의 종교개혁 이후, 그럴듯하게 기독교로 포장하여 만들어낸 논리 형태가 유대민족 창조주신에 국한된 여호와를 예수께서 지칭하신 태초의 천지창조 하나님의 신위神位에 격상시켜 올려놓고 있는 논리다.

그러나 그 또한 성자 예수께서 죄 많은 유대 땅을 택하여 출현하심으로 십자가에 못이 박혀 태초 빛의 말씀(Logos)으로 천지만물을 창조하신 성부하나님 아들로서 그 능력을 활달자재豁達自在하시는 생체부활로서 그 실재적인 빛의 능력을 어둠 세상에 드러내 보일 수가 있었듯이 그러한 어둠 역사 또한 선택받고 세워진 그 자손들에게 주어진 역할임에 틀림이 없다.

유대민족의 창조주신 여호와는 그 자손들에게 어둠 역할을 보다 더 잘할 수 있도록 이방민족을 압도 제압하는 전략술수를 가르쳐 왔고, 거기에 또 거짓말을 잘하는 영까지를 동원하여 이방민족을 산골짜기로 유인하여 전멸시키고 승전고를 울리게 했던 열왕기상 22장 19~23 그 기록의 장면을 연상시켜 보게 해 준다.

그러한 여호와의 행사장면 기록을 보더라도 그처럼 억지스럽게 그들의 민족주신에 국한된 여호와를 기독교 스승 예수께서 지칭하신 천지창조 성부하나님으로 격상시키는 논리는 그들의 조상신 여호와로부터 심어진 정복문화 유산의 정기精氣임을 충분히 짐작해 볼 수 있게 해 주고도 남는다.

그 또한 그들의 조상 뿌리가 태초 천지창조를 하신 성부하나님 그 빛의 능력을 어둠 세상에 나타내기 위해서 예정 가운데 세워졌었고, 그 섭리에 의해 성자 예수 십자가 고난의 생체부활로 우주만물을 사랑으로 총괄하신다는 성부하나님 그 능력의 빛을 세상에 드러내 보일 수가 있었듯이, 거기에 따르는 어둠역할 또한 일대사를 인연한 부분집합체로 그 부수적인 일을 맡아 하고 있는 것이라고도 볼 수 있다. 만사는 모두가 하나님의 뜻 없이 되는 일이 없다고 했기 때문이다.

그런 면에서 볼 때 광명하신 빛으로 천지창조를 하신 성부하나님 그 우주정신 사랑의 말씀이 족속을 초월하여 세계로 전파되어 인류구원의 빛을 발하기 위해서는 그들의 정복문화 계략의 일환으로 부수적인 그 어둠의 역할 또한 어쩌면 그 초석으로 필요한 것일 수도 있다. 세상의 모든 일이 하나님의 섭리 가운데 이루어지듯이 예수께서는 제자들에게 분명히 족속을 초월하여 전파하라고 당부하셨던 것으로, 이 세상의 모든 악惡은 언제나 선善으로 위장하여 스며든다고 했다.

그러한 이치에서 볼 때 이 세상 물질지향적인 어둠의 탁류 속에 제자들이 그 말씀을 족속을 초월하여 전파하기란 결코 쉽지 않은 일이다. 그러나 제자들은 스승에 대한 그만한 믿음의 확신이 있었기 때문에 용기를 내어 전도 활동을 개시하기 시작한 것이다.

그 걸음이 초기에 당시 강대국으로 이스라엘을 지배하던 로마제국으로 향했다. 그렇게 제자들에 의해 과거 유대교 동료들에게 전도용으로 써서 보냈던 메시지를 모아서 집대성한 신약성서가 로마로 전파되었던 초기에는 기독교 신도가 겨우 10%에 불과했다고 한다.

그러나 점차적으로 기독교 스승 예수께서(갈라디아서 4장 8절) 본질상 하나님이 아니라고 지적하신 여호와 신의 행사를 구약의 내용 속에서 심도 있게 더듬어 보게 되면서, 그 여호와를 절대자 천주天主 하나님으로 믿고 섬기며 율법의 굴레에 묶여 살아가야 할 이유가 없는 시대변화임을 알고 점차적으로 유대교에서 기독교로 전향하는 신도들이 늘어나기 시작했다는 것이다.

그와 같이 급변하는 개혁신앙적인 분위기에 그 후 로마의 황제 콘스탄티누스가 마침내 기독교를 인정하고 받아들여 국교로 선포하는 대역사가 일어났으며, 그로부터 기독교 성전 교회당이 크게 건축이 되면서 드디어 성도들이 꽉 들어차기 시작했다고 한다. 그러나 거기에 문제가 발생하기 시작했다는 것이다.

기독교가 초기에 대중들로부터 인정을 받지 못하고, 유대교 기존사상가들로부터 핍박을 받을 때와는 달리 성도들이 뜨겁게 기도하던 열기가 식어갔으며, 그 환란을 이겨내기 위해 힘차게 부르던 예배의 찬송 소리마저도 식어가면서 점차적으로 전도할 의욕마저도 잃어가는 그런 실태로 그 분위기가 바뀌어 갔기 때문이라고 했다.

그 이유는 그처럼 큰 성전을 관리 운영하던 목회자가 큰 교권을 차지하게 되므로 그 교권이 커지게 되면서 거대한 교회를 관리유지하기 위한 대책의 방법으로 부유한 자들로부터 감사헌금을 받는 것까지는 가난한 신도들을 위한 그들의 선행이 될 수 있는 일이므로 인정될 수가 있는 부분이지만, 그러나 점차 구약시대 유대교 형태와 크게 다르지 않은 날과 달과 절기를 지키게 하는 그 율법 제사의식을 편향시켜 혼합시키는 논리를 설파하기 시작했다는 것이다.

그로부터 성도들이 갈구하는 영혼구원의 믿음과 소망이 없는 구약시대 기복신앙적인 설교는 성도들에게 깊은 감동을 주지 못했던 것으로 경건하게 살기를 원하는 성도들은 수도원을 만들거나 더러는 깊은 산속이나 동굴로 들어가 버렸기 때문이라고 했다.

기독교 스승 예수께서는 구약시대 이스라엘 백성들이 그처럼 웅장하게 손으로 지은 이스라엘 성전 안에 여호와가 돌 판에다 새겨 시내산에서 모세에게 건네 준 십계명율법+誡命律法의 언약궤가 들어있음을 그들의 자랑처럼 흔드는 것을 보시고, 너희들이 그처럼 자랑하는 성전을 나는 하루에 무너뜨릴 수가 있고, 또 그보다도 더 큰 성전을 사흘 만에 일으켜 세워 보일 수가 있다고 하신 신약성서 기록의 말씀의 뜻을 돌이켜 상기해 본 것이다.

예수께서 말씀하신 그 뜻이 바로 이후 자신이 제사장들의 모함에 의해 십자가에 위에서 참수형을 당하고 죽어 장사한 지 사흘만에 생체부활로써 다시 살아나 보이신 그 부활의 능력이 우주보다도 더 큰 영적인 믿음의 성전이 될 것이라는 그 언약의 계시였기 때문이다.

그런 뜻에서 예수께서는 생전에 따르는 열두 제자들에게 '너희 믿음대로 이루어지리라' 하시고, 하나님은 손으로 지은 전에 계시지 아니 한다고 하시며, 성자 예수를 하나님께서 인류구원을 위해 사랑의 선물로 보내신 구세주라고 믿는 자만이 그 믿음이 의義가 되어 우주보다도 더 크고 소중한 생명이 되리라고 하신 말씀을 유대교에서 기독교로 개종한 성도들은 되돌려 음미해 볼 수밖에 없었고 그로부터 고개를 돌리게 된 것이라고 했다.

기독교 스승 예수께서는 제자들에게 이르시기를 하나님은 오순절 다락방이나 광야의 천막을 가리시지 않고 오직 너희 마음을 살피시는 분이시기 때문에 몸과 마음을 성전으로 삼고 헛된 세상 물질지향적인 기만의 눈을 내 안으로 돌려 늘 깨어서 기도하라고 말씀하셨던 것이다.

그런데 그 가르침의 말씀과는 달리 구약시대 율법 제사의식으로 다시 되돌아가 버린 그런 분위기에 실망을 한 성도들은 비성경적이라며 점차적으로 거기에 고개를 돌렸던 것이며, 그로부터 교회는 그리스도 진리의 말씀이라는 포장만 했을 뿐 영혼생명에 대한 능력의 부활로써 보여주신 소망과 믿음이 희미해지면서 교회는 물질지향적인 제물헌납의 제사형식으로 부패되고 세속적으로 타락되어가기 시작했다고 한다.

그 예를 들어보면 평신도는 성경을 읽고 해석할 권리가 없다는 것으로 성직도 돈을 주고 샀으며, 그 제사권을 맡은 신부에게 고해성사를 하게 했던 것으로, 면죄부, 혹은 속죄표를 돈을 주고받고 팔았던 실태가 구약시대니 크게 다를 것이 없는 분위기였다는 것이다.

그런 분위기로 변태되기 시작한 성례전의 행사가 바로 그 로마 교황청으로, 권위적인 교황의 그 한 마디가 성경과 꼭 같은 권위를 가진 것처럼 인식시켰던 것이며, 그 실례가 교황 레오 10세가 베드로 성당의 막대한 공사비 충당을 위해 알베르트(1490~1545) 대주교에게 면죄부 판매를 청부하였다고 한다.

그러한 종교 논리형태를 만들어야만 과거 구약시대나 마찬가지로 신도들에게 기복신앙적인 맹신을 강요할 수가 있고, 또한 그들이 그처럼 환상적으로 주입시키고 있는 절대자 천주 하나님 여호와 하나님으로부터 기름부음을 받고 선택되었다는 구약시대 그 제사장처럼 우월적인 권위를 내세워 세상지향적인 그들의 욕구를 충당할 수가 있었기 때문이다.

그로부터 그들은 수도사며 웅변가인 테첼을 고용하여 신학박사 학위를 주고 가는 곳마다 면죄부에 대하여 설교하게 했던 형태는 구약시대 제사장들이 여호와 가르침의 속죄의식 관례 그대로 율법적인 제사장제도의 성례전행사와 다를 것이 없었다고 한다. 거기에 조금 다른 것이 있다면 그 속죄 면죄부에 성자 예수 이름을 얹고 있었다는 것뿐이다.

그 설교가 면죄부를 사면 예수님을 믿지 않고 죽은 형제나 부모 그 조상들이라 할지라도 그 자녀나 가족들이 면죄부를 사기 위해 헌금함 속에 은화를 떨어뜨리는 순간 지옥 대기실 그 연옥에 갇혀 있던 영혼이 곧 천국으로 올라간다는 그처럼 비성경적인 논리를 펴온 로마 교황청이다.

그와 같이 변태된 로마 교황청의 황당한 성례전 논리에 기독교 스

승의 성서적인 가르침을 토대로 그 형태를 냉철하게 비판했었던 신도
가 토마스 아켐퍼스(Thomas Akempis, 1380~1471)였다고 한다. 그는 교회
성전 안에는 은과 금은 많지만 예수의 이름은 없다고 한탄했을 정도
다.

그처럼 로마 가톨릭교가 총체적으로 잘못 가르치고 있음을 지적한
사람이 또한 1517년 10월 31일 종교개혁을 외쳤던 독일의 루터(Luther)
였다. 그는 위텐부르크 대성당의 입구에 로마 가톨릭교의 부당한 논
리형태 95개 조항의 대자보를 공포했었다.

그 골자는 먼저 면죄부 판매의 잘못을 지적함과 동시에 그러한 속
죄의식 형태는 그리스도 성자 예수 십자가의 공로를 오히려 무색하게
만드는 일이라고 비판하였으며, 예수께서 말씀하신 속죄함은 인류를
대속하기 위해 희생양이 되신 하나님 사랑의 은혜를 믿음으로 받는
선물이기 때문에 그 속죄 기득권을 주장하는 사제만이 아니라 모든
성도는 자신의 몸을 성전삼은 제사장으로 모두가 하나님께 잘못의 허
물을 뉘우치고 속죄함을 받을 수 있다는 것이 성경의 가르침이라고
주장하고 나섰던 것이다.

그러한 종교개혁자 루터를 중심으로 하여 일어선 그 당시 개혁자들
의 그와 같은 주장은 4가지 원리로, 첫째는 오직 성자 예수께서 가르
치신 성경말씀에 기준해야 하며, 둘째가 그리스도를 믿는 믿음이어야
하며, 셋째가 성부하나님 사랑의 은혜로 이제는 만인이 모두 제사장
이 될 수 있기 때문에 그와 같은 고해성사도 시정되어야 할 문제점이
라는 지적이었다.

그렇게 루터를 중심으로 하여 일어난 종교개혁자의 외침으로, 1521
년 4월 17일 웜스(Worms) 성당에서 모인 국회에 끌려가 재판을 받게

된 루터였다. 그때 재판장이 루터에게 다음과 같이 설득을 했다.

"네가 25부의 저서에서 한 말을 취소할 마지막 기회를 주겠다, 취소하면 살아날 것이요, 그렇지 않으면 생명을 부지할 수가 없으리라."

그처럼 무서운 엄포에도 불구하고 루터는 25부의 저서는 하나님의 말씀인 신약복음을 기준으로 한 것임으로 신약성경이 진리가 아니란 것을 설명하기 전에는 이 책의 내용을 한 마디도 부인할 수 없다고 강력하게 대답을 하고, 재판정에 서서 다음과 같이 기도를 했다.

"오! 하나님이시여, 내가 여기 서 있어서 다른 도리가 없사오니 나를 도우소서!"

종교개혁자 루터에게 그처럼 구원론의 눈을 뜨게 해 준 계기는 1510년 11월부터 이듬해 4월까지 수도사들의 순례여행 코스 중에 하나가 성 계단 성당(Scala santa) 내부에 '빌라도의 계단' 그 한 편으로 '거룩한 계단' 이라는 이름으로 되어 있는 28계단을 무릎으로 올라가는 일이었다.

그 성전 계단은 콘스탄틴 황제의 어머니 헬레나가 무고한 예수께서 유대교 제사장들의 모함으로 재판을 받으시려고 올라가신 그 계단을 안타깝게 생각하며 빌라도 법정의 계단을 로마로 옮겨 그대로 축소해 놓은 것이라고 했다.

그래서 루터 역시도 로마를 방문하여 스칼라 산타 28계단을 두 무릎으로 기어 올라가면서 성자 예수 십자가 피 흘림의 고통을 생각하고 있을 그때, 갑자기 신약복음(로마서 10장 17절) 말씀이 가슴 속에 뜨겁게 벅차올랐다는 것이다.

복음에는 하나님의 의가 나타나서 믿음으로 믿음에 이르게 하나니 기록된 바 오직 의인은 믿음으로 말미암아 살리라 함과 같으니라.

그와 동시에 시대의 이단자로 내몰리면서까지 태초의 성부하나님 그 섭리 역사를 비유를 들어가며 이해를 시키고자 하신 말씀이 머리에 떠올라 마음에 변화를 가져온 것이라고 했다.(마태복음 9장 16~18)

생베 조각을 낡은 옷에 붙이는 자가 없나니 이는 기운 것이 그 옷을 당기어 헤어짐이 더하게 됨이요, 새 술은 새 부대에 담아야 둘 다가 보존되느니라.

그 성구가 예수께서 그처럼 시대구별을 하라고 강조하신 말씀을 바로 깨닫고 분별하여 여호와 율법세계관 속에 묶어서 혼합시키지 말라는 뜻으로 가슴을 파고드는 순간, 루터는 그 자리에서 벌떡 일어나 계단을 밟고 교회성전 안으로 들어갔다고 한다. 그로부터 면죄부를 사서 죄 사함을 받는다는 가톨릭 로마 교황청의 성례전 논리가 기독교 스승의 가르침에 위배된다는 것을 강력하게 주장하게 되었던 동기가 되어준 것이라고 했다.

그만큼 루터는 성자 예수께서 인류구원이라는 신약성서의 가르침을 바탕으로 그토록 거룩하신 성체가 하나님의 뜻을 이루기 위해서 희생의 제물이 되어야 함을 생전에 제자들에게 귀띔해 주신 말씀을 통해서 예수께서 거듭 강조하신 그 시대구별을 보다 확실히 하고 깨우치게 되면서 그토록 담대할 수 있었다는 그 성구 내용이다.(히브리서 제10장 1~9)

동방의 빛
KOREA를 밝히다

율법은 장차 오는 좋은 일의 그림자요, 참 형상이 아니므로 해마다 늘 드리는 바 같은 제사로는 나아오는 자들을 언제든지 온전케 할 수 없느니라. 그렇지 아니 하면 섬기는 자들이 단번에 정결케 되어 다시 죄를 깨닫는 일이 없으리니 어찌 드리는 일을 그치지 아니 하리요. 그러나 이 제사들은 해마다 죄를 생각하게 하는 것이 있나니 이는 황소와 염소의 피가 능히 죄를 없이 하지 못함이라. 그러므로 세상에 임하실 때 가라사대 하나님이 제사와 예물을 원치 아니 하시고, 오직 나를 위하여 한 몸을 예비하셨도다.

전체로 번제함과 속죄제는 기뻐하지 아니 하시나니 이에 내가 말하기를 하나님이여 보옵소서. 두루마리 책에 나를 가리켜 기록한 것과 같이 하나님의 뜻을 행하러 왔나이다. 하시니라, 위에 말씀하시기를, 제사와 예물과 전체로 번제함과 속죄제는 원치도 아니 하고 기뻐하시지도 아니 하신다고 하셨는고, 이는 율법을 따라 드리는 것이라. 그 후에 말씀하시기를 보시옵소서, 내가 하나님의 뜻을 행하러 왔나이다, 하셨으니 그 첫 것을 폐하심은 둘째 것을 세우려 하심이라.

바로 그것이었다. 루터가 그처럼 재판장 앞에서 담대하게 주장할 수 있었던 것은 하나님의 섭리는 그 첫 단계로 구약시대 세상이라는 밭에 종을 내려 보내어 인간 종자씨를 뿌리고 가꾸는 것은 주인의 뜻에 따르는 종들이 하는 일로 그 가르침이 율법이라는 것과, 그 제사의식이 물질제사 헌납이었지만 그러나 때가 이르러 그 종의 율법시대를 마감하기 위해 성부하나님께서 그 아들 성자 예수를 보내어 그 첫 것을 폐하게 하심은 그 둘째 것을 세우기 위함이라는 그 성구가 예수께서 너희가 시대구별을 하라고 거듭 강조하신 뜻이었음을 분명히 깨달았다는 이야기다.

거기에 대한 확실한 믿음으로서의 공포가 루터가 주창한 종교개혁이었던 것으로, 성당에서 고해성사를 하지 않고도 누구나 하나님께 기도하고 회개하면 속죄함을 받는다는 것이 루터의 만인 제사장설인 것이었다.

하지만 루터가 신약성서를 중심으로 주창한 시대구별의 종교개혁은 그렇게 쉽게 이루어지질 않았다. 그 상황이 오늘에 이르기까지도 연계되고 있는 실태상황이지만, 루터가 종교개혁을 외침으로 비롯되어 일어난 대사건이(1096년~1270년) 대략 200년간 지속되었던 그 십자군 전쟁이다.

그처럼 역사적인 십자군전쟁은 셀주크튀르크와 비잔티움제국 사이에서 일어난 시비가 원인으로 여호와의 지시대로 성전을 건축한 예루살렘 성지를 순회하는 순례자들을 셀주크튀르크인들이 비웃기를 구약시대 이방민족과의 사이에 전쟁을 주도해 나온 여호와 신에게 제물헌납을 하던 이스라엘 성전이 어떻게 거룩한 하나님의 성지가 될 수 있느냐고 조롱했었기 때문이다.

그러나 그 십자군 전쟁은 여호와가 이스라엘 백성들에게 예언한 그대로 이루어진 역사적인 대사건이다. 그처럼 미래적인 여호와 계시의 내용을 참고해 볼 필요가 있다.(열왕기상 9장 7~8절)

내가 이스라엘을 나의 준 땅에서 끊어버릴 것이요. 내 이름을 위하여 내가 거룩하게 구별한 이전이라 할지라도 내 앞에서 던져버리리니 이스라엘은 모든 민족 가운데 속담거리와 이야깃거리가 될 것이며, 이 전이 높을지라도 무릇 그리로 지나가는 자가 비웃어 가로되, 여호와께서 무슨 까닭으로 이 땅과 이 전에 이같이 하셨는고….

그렇게 이스라엘 민족이 자랑하는 이스라엘 성전이 비웃음거리가 될 것이라는 미래적인 상황까지를 이미 내다보고 있었던 여호와의 계시적인 예언이었다.

그런데 그 예언의 계시 그대로 여호와의 이름을 위하여 그와 같이 웅장하게 지은 이스라엘 성전은 모든 민족 가운데 속담거리와 이야깃거리가 되기에 이르렀고, 그처럼 조롱과 비웃음이 시비의 원인이 되면서 박해를 가해 오자 비잔티움제국에서 교황에게 부탁하여 일어난 싸움이 바로 그 십자군전쟁이었다.

그 결과는 십자군이 1차 성공하고, 6번은 모두 실패로 끝났다. 하지만 그 십자군 전쟁으로 하여 왕권보다도 더 위세를 떨치던 로마 교황청이 약해지면서 반면에 왕권이 강세로 올라앉게 되었다는 것이다.

그처럼 어지럽고 혼란스러운 것이 서구 기독교신학의 문제점으로 지금까지 지구촌은 문명의 혼돈이 가져온 십자군의 전쟁을 비롯해서 종교가 주는 사상의 혼돈, 천주교와 개신교(기독교)간의 30년 전쟁, 그리고 오늘날까지도 계속되고 있는 유태교와 회교간의 분쟁, 북아일랜드 구교(유태교)와 신교(기독교)간의 분쟁, 인도의 힌두교와 파키스탄 회교간의 분쟁 등으로 조용할 날이 없었다.

21세기 벽두에도 마찬가지였다.

대외적으로 9.11테러, 아프간전쟁, 이라크전쟁 등 문명간의 갈등은 계속되고 있는 가운데 과거 우리 조상들이 삼천리 반도 금수강산이라고 그처럼 자랑하던 우리 대한민국 역시도 다를 것이 없는 상태에 놓여 있다.

문명의 혼돈 속에서 민족 정체성을 잃고 물질지향적인 외래사상을 여과 없이 그대로 선호하고 받아들여 얼이 빠져 버린 국민정신은 마침내 같은 혈손끼리 사상대립으로 3.8선의 경계를 긋고 세계적으로 유일하게 분단국가라는 불명예를 오늘에 이르기까지도 씻어내지 못하고 있는 실태에 놓여 있다. 그처럼 혼돈스러운 사상문제를 풀고 통일의 물꼬를 열기 위해서는 무엇보다도 그처럼 고등종교라는 이름을 내세우고 사상논쟁을 벌이는 근본 핵심문제가 무엇인가 하는 것부터 알아야 한다는 사실이다.

그 문제의 숙제를 풀기 위해서는 먼저 기독교 스승 성자 예수께서 여호와 유일신 숭배사상이던 구약시대 그 제사장들로부터 이단의 괴수로 내몰려 십자가 위에서 참수형을 당하셨던 이유가 무엇인가 하는 것부터 밝혀 보아야 하는 것이 그 수순이다.

그 죄목이 그들이 천주 하나님으로 믿고 숭배하는 여호와를 본질상 하나님이 아니라고 하시며, 그 가르침 율법은 초등학문이라고 지적하셨다는 것 때문이다.

하지만 그로부터 2000년이 지난 오늘까지도 기독교 스승 예수께서 말씀하신 천도의 변화원리를 깨우치지 못하고 있는 지구촌 기독신학 목회자들의 설교다.

그 형태가 성자 예수 이름을 앞세우고 구약시대 분위기 그대로를 혼합시키고 있는 분위기다. 그러한 그들의 정신 구조는 기독교 스승 가르침의 정신에는 철저하게 위배된 상태로, 예수께서 지적하신 말씀대로 하나님의 섭리하심의 뜻을 바로 깨우치지 못한 눈먼 몽학선생들이나 마찬가지다.

예수께서 그처럼 거듭 강조하신 천도의 변화원리를 외면하고 있기 때문이다. 그렇게 진리의 실상을 바로 알지 못하는 것처럼 무서운 형벌은 없다고 했다.

그러한 그들의 무지無知는 그 악惡을 바로 분별할 수가 없기 때문에 기독교 스승 예수의 이름을 얹고 신비한 기적이라는 소리로 신도들을 유혹하고 미혹케 하는 형태로 성서 예언적인 적그리스도가 따로 있는 것이 아니다. 그러한 형태가 유럽에서 태동한 기독신학이다.

그와 같이 오늘 지구촌에 서구신학이 주고 있는 종교적 모순의 공해는 구약시대 이방민족과 맞수대결에서 전략술수까지를 가르쳐 온 여호와 신의 호흡정기로 그들에게 심어진 정복문화 유산이라고 볼 수밖에 없다.

그 논리형태는 다분히 구약시대 그처럼 그들의 주신 여호와가 민족주의적 우월성을 높이고 타민족을 지배하기 위한 전략작전으로 거짓말을 잘하는 영까지 동원했었기 때문에 그 내용을 다시 상기시켜 보게 해 준다.

성부하나님 아들 성자 예수 이름을 구약시대 그처럼 초급한 행사를 해 왔던 여호와 신의 아들 계보에 묶어 혼합시키는 그와 같은 서구 신학논리는 타민족을 지배하기 위한 패권주의적 정당성 확보를 위한 방편의 무기로 이용되어 왔다고 볼 수 있다. 그렇기 때문에 '민족주의'를 유럽적 제국주의 개념으로 보아서는 절대로 발전할 수가 없게 되어 있다.

서구문명의 바탕이 되는 것은 구약시대 이스라엘 백성들에게 여호와가 전수시켜 준 정복문화 유산으로 그 실례를 들어볼 수 있는 한 토막의 이야기가 있다.

남아프리카 공화국은 아프리카 남반부에 자리 잡고 있다. 이 나라는 금, 다이아몬드, 우라늄 등의 풍부한 광산자원을 바탕으로 아프리카에서 가장 부강한 경제력을 보유한 공업국이다.

그 나라가 소수 백인정권 시대에 인종차별로 다수의 흑인들이 분노와 좌절 속에 신음하고 있었던 1984년, 남아프리카 공화국의 흑인 지도자 데스몬드 투투 주교가 노벨평화상 수상자로 선정되고 난 후였다. 그가 뉴욕의 한 집회 장소에서 백인들의 아프리카 지배를 다음과 같이 꼬집었다.

"백인 선교사들이 처음 아프리카에 왔을 때 그들은 성경을 지니고 있었고, 우리 흑인들은 땅을 가지고 있었다. 그런데 자! 기도합시다, 하는 선교사들의 말에 순응하여 우리는 눈을 감았다. 기도를 마치고 눈을 떠 보니 이번에는 우리가 성경을 가지고 있고, 선교사들은 우리의 땅을 차지하고 있었다."

바로 그것이다. 그처럼 고등종교 진리의 말씀이라고 포장을 하고 들어와서 설파를 하고 있지만 그러나 그 논리행사는 타민족 침략 정복무기로 활용되고 있다는 의미를 그 내면에 깔고 있다는 점이다. 그 이야기는 어쩌면 오늘 우리 대한민국 국민들에게 주는 실례적인 교훈일 수도 있다.

그처럼 해방 이후 남북이 외래 사상으로 대립이 되면서 분단된 남쪽은 북측과는 달리 국권마저도 오늘에 이르기까지 미국이 갖고 있는 실태며, 이제는 몇 집 건너 십자가에 불을 켜고 있는 서구신학 기독교 세가 국교 이상의 자리를 차지하고 있는 현실상황 분위기다.

그 목회자들의 설교가 여호와를 성자 예수 아버지이신 천지창조 성부하나님으로 믿고 숭배하면 서양처럼 풍요롭게 물질축복을 받게 해준다는 것으로, 거기에 덧붙이는 예배의 찬송이 '여호와는 나의 목자

시니 내게 부족함이 없으리로다' 하는 합장과 함께 '아멘, 할렐루야!' 하고 있는 신도들이다.

그처럼 철저하게 이스라엘 민족주신 여호와를 대우주적인 천주하나님으로 주입시키고 있는 오늘 서구 기독신학의 그 문제를 바로 재정리하지 않고서는 성자 예수께서 십자가 형틀에 매달려 성체에 물과 피를 쏟으시고 사랑의 제물이 되어 보이면서까지 인류를 위해 구현하고자 하셨던 지구촌 평화의 지상낙원 세계는 기대할 수가 없게 되어 있다.

그런 의미에서 예수께서는 '내가 너희를 위해 수고한 것이 헛될까 두려워하노라' 하셨던 말씀을 오늘의 지구촌이 돌아가고 있는 실태 분위기를 보면서 다시 상기시켜 보게 해 준다.

그 문제를 풀기 위해서는 구약시대 유대 땅에 오고간 선지자들이 예언한 '평강의 왕' 구세주 메시아 출현의 의미와 성자 예수 가르침의 교훈인 그 시대구별을 성경을 통해서 바로 이해를 하고 정석으로 풀었을 때 비로소 지구촌 사상대결에 의한 피 흘림의 전쟁을 종식시킬 수 있다는 것을 성자 예수의 가르침 신약성서에서 구체적으로 시사해 주고 있기 때문이다.

하지만 물질이 세계를 지배하고 있는 세태이기 때문에 그처럼 고등 종교 스승 예수의 고난을 상징하는 십자가를 내세워 흔들면서 물질지향적인 여호와 숭배의 찬양예배를 바탕에 깔고 있는 그 분위기를 재정리한다는 것은 결코 쉬운 일이 아니다.

그래서 예수께서 '물질은 일만 악의 뿌리다' 하시고 제자들에게 귀띔하시기를 '말세에 참 믿는 자를 보겠느냐?' 하셨던 것인지도 모른다. 그 예언의 말씀을 다시 상기시켜 보면서 문득 쇼펜하우어의 말을 생각해 보게 된다.

"종교는 개똥벌레와 같은 것으로서, 반짝이기 위해서는 어둠을 필요로 한다."

그의 말은 오늘날 종교는 인류구원이라는 명제를 놓고 끊임없는 파행 기행을 일삼으면서 자기만의 종교세계를 영위하고자 하는 혼탁한 지구촌 종교판을 꼬집어서 한 말임에 틀림이 없다. 거기에 또한 서양의 철인 F. W. 니체가 한 말을 다시 떠올려 보게 한다.

"기독교도는 단 한 사람 밖에 없었다. 그리하여 그 사람은 십자가 위에서 죽었다. 그 이후, 복음이라고 불리어지는 것은 이미 그가 살아온 것의 정반대, 즉 화음이었다."

오늘 그와 같이 비합리적인 서구 기독교신학 논리를 그처럼 '화음'이라고 꼬집는 그 이야기야말로 역시 철인다운 냉철한 비판이 아닐 수가 없다. 그와 같은 니체의 비판을 놓고 어느 책에서 읽은 〈미래에의 위험〉이라는 한 토막의 이야기를 다시 떠올려 본다.

어느 날 신문 기자들이 구세군의 창립자인 윌리암 부드 장군에게 특별 기자 회견을 요청했다.

부드 장군이 기자 회견장에 모습을 드러내기가 바쁘게 한 기자가 기다렸다는 듯이 질문을 했다.

"다가오는 미래에 가장 큰 위험은 무엇인지 장군의 의견을 말씀해 주십시오."

이에 늙은 장군은 마치 하나님의 영감이라도 받은 듯이 주저 없이 대답했다.

"이 세계에 다가올 가장 큰 위험은 교회가 세계에 주는 것들입니다. 그것은 거듭남이 없는 용서를 제공하는 철학적 기독교와 그리스도 없는 기독교, 그리고 성령이 없는 기독교와 하나님이 없는 정치, 지옥이 없는 천국을 주게 되는 것입니다."

그가 말한 미래에의 위험, 그 문제가 오늘 우리의 현실에서 재검토하고 풀어야 하는 가장 큰 숙제임에는 틀림이 없다. 그처럼 그리스도 없는 기독교회들로 예수께서 '원수까지도 사랑하라'고 말씀하신 인류평화를 구현하는 하늘나라 사랑의 '새 계명'이 아닌, 구약시대 이방민족과 맞수대결을 시켜온 이스라엘 민족주신 여호와 주종主從의 관계로 종從의 나라를 만들어 가는 논리형태가 바로 오늘 그와 같이 지구촌 사상 대립문제를 정리하지 못한 원인의 걸림돌이 바로 유럽에서 태동한 그 서구 기독신학이기 때문이다.

신계와 영계의 존재 근원

오늘의 지구촌 현생인류는 우주 4차원의 과학문명 시대를 열어가고 있다. 그 실제 분위기가 과거 구약시대 천상의 사람, 그 신족들이 실제적인 우주선 로켓 운송수단으로 하늘과 땅을 그처럼 자유자재로 왕래하며 그 능력행사를 보여주었듯이 마찬가지다. 우주선 로켓을 연구 개발하여 쏘아올리고 달나라를 다녀왔으며, 이제 화성 진입을 서두르고 있다는 것은 이미 잘 알려져 있는 바이다.

거기에 또한 문명화 된 지구촌 생물학자들의 연구가 시험관 아이를 설계창조하고 그 의식을 거듭 시험해 보고 있다는 이야기 또한 지구촌에 공개된 사실이다.

그만큼 현생인류는 이제 4차원의 지적의식 수준에 도달해 있음을 나타내주고 있는 현상이다. 특히 생물학자들이 그처럼 시험관 아이를 만들어 연구하고 있다는 창조능력 행사는 과거 6000년 전 구약시대 천상에서 지구에 내려와 자신의 영광을 위해 물체인간을 창조설계하

동방의 빛
KOREA를 밝혀라

고 그와 같이 무지했다는 원시인간 의식을 여러 가지 행사형태로 거듭 시험을 해 보고 있었던 유대민족의 창조주신 여호와 신의 행사기록 장면이나 크게 다를 것이 없다.

그와 같이 진화 발전된 오늘 현대과학문명 앞에서 아직까지도 구약시대의 원시성을 탈피하지 못하고 있는 서구 기독신학이다. 그것이 현대인들의 비난이다. 그 논리가 여전히 과거 유대민족에 국한된 지엽적인 여호와 유일신唯一神 숭배사상을 그대로 주입시키고 있기 때문이다.

그처럼 합리성이 없는 기독신학이 현대인의 의식을 원시적으로 퇴보시키고 있다는 것이며, 그와 같은 비난의 화살이 특히 문명화 된 지구촌 과학자들의 비판이다. 하지만 그러한 논리에 아직까지도 맹신하고 있는 신도들은 위험한 망언이라고 반발했고, 더구나 교황 베네딕토 16세는 더 말할 것도 없이 거기에 항의를 했었다.

그러나 이제 문명화 된 지구촌 현생 인류는 그처럼 이치에 부합되지 않는 종교논리는 미신이라고 고개를 돌리기에 이르렀다. 그만큼 현대인들은 합리적이지 못한 서구 기독신학 유일신 논리에 '왜?' 라는 질문을 던지게 된 것이다.

그런데도 여전히 그와 같이 정리되지 않은 비성경적인 성직자들의 성서풀이는 지금까지 그래왔듯이 여호와 신의 이름을 내세워 '의심은 죄니라' 하고 과거에 그래 왔듯이 무조건적인 맹신을 강요하고 있는 실태다.

하지만 이제 4차원의 신문명시대로 돌입해 들어가고 있는 현대인들의 지적 의식은 변화를 보이기 시작하면서 서양문화권 속에서 만들어져 나온 그와 같은 성서 풀이의 원시성을 과감하게 비판하고 기독교가 여호와 유일신唯一神 숭배사상에서 깨어나야만 진정한 자아를 찾음과 동시에 인간 존엄성을 회복하고 인류평화를 기대할 수 있다고 말하기를 주저하지 않고 있다.

오늘날 진보 발전된 현대인들의 의식에 대두되고 있는 것이 바로 그 '지적 설계론'으로 1990년 이후 새롭게 등장한 과학이론이다. 그 논제가 서구 기독신학의 합리적이지 못한 생명의 기원과 복잡성에 대해 과학적 이론으로 반격하고 있는 서구 기독신학과 과학자들과의 대결구도다.

현대 물리학에서나 천문학자들이 보는 우주의 기원은 150억 년이다. 그러한 과학자들의 견해와는 달리 지구 최초의 인간이 여호와 신으로부터 창조된 시간대 그 6000년으로 놓고 보는 기독신학 논리는 어불성설이라는 비판이다.

그처럼 문명화 된 오늘날 지구촌 고고학자들의 연구는 지구에 생명체가 존재하게 된 기원은 기독신학자들이 인류의 조상이라고 내세우는 '아담' 그 훨씬 이전부터 존재해 왔었음을 지구 도처에서 발굴된 동식물의 화석체들과 기원 미상의 유적들로 하여 입증되고 있다는 반증을 내놓고 있다.

그렇게 고고학자들이 발굴해 내놓는 실증적인 고대 화석체의 증거물에 인류시원을 아담의 창조연대 6,000년대로 놓고 보는 기독신학자들의 입장에서는 난해할 수밖에 없다. 그러나 오늘날 그처럼 고고학자들의 연구에 그 입증이 되어 주고 있는 기원 미상의 유적과 동식물의 화석체들이 그동안 지구에 6번에 걸친 지구대이변의 개벽이 있어 왔음을 성경 계시록을 통해서 유추해 볼 수 있게 해 주고 있다. 그 내용의 기록이다.(요한 계시록 16장 1절)

또 내가 들으니 성전에서 큰 음성이 나서 일곱 천사에게 말하되, 너희는 가서 하나님 진노의 일곱 대접을 땅에 쏟으라 하더라.

위의 성구에서 나타내주고 있는 그 핵심 부분이 '일곱 천사' 들에게 땅에 쏟으라는 '일곱 대접'이다. 그 계시의 기록을 통해서 보더라도 그동안 지구는 천지가 진동하는 대이변의 개벽이 거듭 몇 차례 있어 왔고, 거기에 입증이 되고 있는 증거물이 그처럼 지구 도처에서 출토되어 오늘도 고고학자들이 연구하고 있다는 그 반화석체들이다.

그와 같은 고고학자들의 연구 자료에 성서적인 기록의 계시가 그 문제의 숙제를 풀어나가는 데 정보를 제공해 주는 암호해득서로 그 열쇠라고 보아야 할 것이다.

그만큼 성경 신구약은 거짓됨이 없는 진실한 기록임에는 틀림이 없다. 그러나 문제는 오늘 서구신학자들의 원시적인 성서 해석이 거기에 걸림돌 역할을 하고 있는 형태라고 해도 과언은 아니다.

하지만 분명한 것은 기독교 스승 예수께서는 '귀 있는 자는 들으라' 하시면서 그 시대구별을 하라고 거듭 강조하셨다. 그러나 그로부터 2,000년이 지난 오늘까지도 과연 그 시대변화를 구별하지 못해서 그러는 것인지, 아무튼 그 성서풀이가 비성경적으로 불투명한 것만은 사실이다.

예수께서는 이스라엘 백성들을 향해서(갈라디아 4장 8절) 여호와는 본질상 하나님이 아니라고 하시며, 너희를 그 율법 초등학문의 가르침에서 벗어나게 해 주러 왔노라고 설파하시다가 이단의 괴수로 내몰려 십자가 위에서 참수형을 당하셨다. 그것이 기독교 스승 성자 예수 십자가 고난의 행적이다.

그런데도 오늘 기독신학 논리는 기독교 스승 십자가의 공로를 오히려 무색하게 만들고 있는 형태나 마찬가지다. 그러한 기독신학 논리에 과거와는 달리 거기에 맹신하지 않고 고개를 돌리는 성도들로 인해서 교회 성전들이 텅텅 비어서 팔려 나가고 있는 사회풍경이 특히 서양이라고 했다.

그처럼 과거 구약시대 유대교 전통사상 원시종교 논리 그대로를 기독교 스승 성자 예수 고난을 상징하는 십자가 위에 얹고 주입시키고 있기 때문이다.

오늘 그와 같은 기독 신학논리는 태초 우주생명의 근원으로 본자연本自然하신 천지창조 하나님 그 영계靈界의 존재근원 뿐만이 아니라, 그로부터 태초 빛의 말씀으로 창조된 천상의 사람, 그 신족들이 지구에 내려와서 펼쳐 보인 초급한 능력행사 구약의 세계관을 태초의 하나님 그 영계의 능력행사로 격상시키고 있는 실태다.

그러한 성서해석 논리는 분명히 비성경적임에는 틀림이 없다. 그렇기 때문에 그렇게 계시적인 성구에서 하나님 진노의 일곱 대접을 땅에 쏟아야 하는 일곱 천사의 행사가 무엇을 의미하는 것인지 거기에 대해서 언급조차 하지 못하고 있다.

그처럼 시대구별을 하지 못하고 있는 기독신학 논리는 그동안 몇 차례에 걸쳐 지구 대이변이 있어 왔던 역사적인 증거물에 언급조차 하지 못하고 수수께끼를 안겨 주면서 그 자체가 연구가 되어 주고 있는 것이다.

오늘 지구촌에 고등종교 스승 성자 예수 이름을 내세우고 설파하는 기독신학 성서해석은 그처럼 구약시대나 다를 것이 없는 초급한 유대교 종교논리 그대로 원시성을 탈피하지 못하고 있는 실태다. 하지만 그 진실여부를 성서 기록에서 분명히 밝혀볼 수 있게 해 주고 있다는 사실이다.

구약시대 그처럼 저마다 성호를 붙이고 지구에 내려와 크고 작은 능력행사를 펼쳐 보였던 신들의 행사장면에서 보여주는 형태 모습은 외형상으로는 보편적인 사람의 모습과 다를 것이 없었다. 다른 부분이 있다면 4차원으로 문명된 우주의식으로 열려 있었다는 것뿐이다.

그렇게 보편적인 사람의 모습으로 하늘과 땅을 오르내리며 지엽적으로 그 행사를 펼쳐 왔던 이스라엘의 창조주이신 여호와 신의 존재뿐만이 아니라, 그 보좌 신명들의 존재근원을 구약성경 〈창세기 1장〉에서 분명히 밝혀 볼 수 있게 해 주고 있다는 사실이다. 그런데도 오늘 서구 기독신학에서는 거기에 대해서 미급한 성서해석으로 그처럼 여러 면으로 혼돈을 주고 있는 실태인 것이다.

창세기 1장에서 등장하는 태초의 하나님은 분명히 이름 없는 광명한 무형체로서 등장한다. 그리고 우주생명의 원소가 되는 빛의 말씀으로 우주만물을 다섯째 날까지 단계적으로 다 이루시고, 그 여섯째가 되는 날에 그 지으신 모든 것을 관리하고 다스리게 하기 위해 태초 빛의 말씀(Logos)으로 '우리의 형상을 따라 사람을 만들자' 하시고 남자와 여자를 동시에 창조하셨고, 또한 그들에게 번성하여 그 모든 것을 다스리라는 공중권세를 부여해 주셨다는 기록이다.

그처럼 창세기 1장에서 광명하신 하나님 빛의 말씀으로 창조된 이때의 '사람'이 공중권세를 부여받은 우주 지성체로서 저마다 성호를 붙이고 있는 하늘나라 신계족의 근원임을 분명히 밝혀주고 있으며, 그들에게 태초의 하나님께서 부여해 주신 능력의 역할이 각자에게 주어진 그 소명에 따라서 저마다 달랐음을 그 기록을 통해서 유추해 볼 수 있게 해 주고 있다는 사실이다.

　그렇게 다스림의 이치로 공중권세를 부여받고 창조된 하늘 '사람'
이 구약시대 저마다 성호를 붙이고 지구를 자유자재로 오르내리며 그
능력행사를 펼쳐 왔었던 천상의 사람으로 그 신통력을 보인 존재 근
원을 창세기에서 밝혀주고 있으며, 그러한 이치의 맥락에서 유대 땅
에 구세주로 출현하신 예수께서 '말씀을 받은 자를 신이라 하였거
늘….' 그 말씀의 의미가 바로 그것이다.

　태초 광명하신 하나님, 그 빛의 말씀으로 창조된 이때의 '사람'이
그처럼 신성神性을 부여 받은 우주지성체이기 때문에 4차원으로 문명
된 하늘나라 천상의 신비적인 능력행사를 지구에 내려와 저마다 맡고
온 소명에 따라 그 역할을 충실하게 하고 있었음을 기록을 통해서 그
진실을 밝혀볼 수 있게 해 주고 있다는 사실이다.

　그러나 구약 속의 내용들이 오늘 우주시대를 열어가는 지구촌 문명
인들에게 실재성을 인정하기 어려운 신화적인 요소로 전개되고 있는
것만은 사실이다. 그래서 혹자들은 잘 다듬어 꾸며진 이야기책으로
'그리스 로마신화'나 크게 다를 것이 없다고 혹평하기도 한다. 거기
에는 지구촌 인류가 발가벗어도 수치를 몰랐다는 원시시대의 이야기
에서부터 구석기, 신석기 그리고 청동기시대를 거치면서 하늘 천상의
사람, 그 신들이 제공해 준 4차원의 지식정보로 점차 진보 발전되어
나온 인류역사를 그대로 담아 두고 있기 때문이다.

　그러나 당시의 시대적 환경을 이해하지 못한 현대인들의 시각에서
는 유대민족의 역사적 뿌리 시원까지도 만들어진 허구의 이야기라고
웃어넘기는 회의론자들도 있다. 그들이 여호와 유일신을 숭배하는 종
교논리에 반론을 내미는 이야기는 여간 흥미로운 것이 아니다. 그만

큼 인류 시원의 뿌리 역사는 동서를 막론하고 현대인들의 시각으로 볼 때는 다분히 신화적인 요소를 내포하고 있다.

오늘 지구촌에 현대화 되지 못한 아프리카 사람들에게 조상으로부터 구전되어 내려오고 있다는 그들 뿌리의 옛 이야기는 유대민족의 뿌리시원의 역사 구약의 실재성을 보다 확인시켜 볼 수 있게 해 주고 있기 때문에 견주어 볼 필요가 있다.

동아프리카의 호전적인 마사이 족은 그들 조상으로부터 들어온 이야기가 하늘은 텅 빈 공간이 아니라, 현실적으로 신들이 존재하는 지극히 생동적인 공간이라는 것과 그 신들이 신인을 낳아서 지상으로 내려 보냈다고 들어왔기 때문에 그렇게 믿고 있다는 것이다.

그들의 이야기에서 신들이 신인을 낳아 지상에 내려 보냈다고 믿고 있는 그들의 이야기가 놀랍게도 성경 '창세기 1장' 이 기록하고 있는 실증적인 창조논리 그대로 동일성을 내포하고 있다는 점이다. 뿐만 아니라 그들이 믿고 있는 또 하나의 이야기는 신의 아들들이 모두 인간처럼 육체를 가진 존재로서 각각 적색, 청색, 백색 및 흑색의 피부 색소를 달리하고 하늘에서 내려왔다는 것과, 그들이 서로 하나가 만들면 다른 하나가 그것을 파괴하는 이상한 짓들을 했다는 이야기다.

그렇게 그들의 조상으로부터 구전되어 내려오는 그와 같은 이야기들은 유대민족의 뿌리 역사 구약의 내용 속에서 여호와 신이 이방민족과의 능력대결로 그 피 흘림의 전쟁사를 연속적으로 이루어 나왔던 기록을 통해서 그 실증을 반추해 볼 수 있게 해 준다. 그뿐만 아니라 그 당시 여호와 신의 창조물인 그 백성의 딸들을 다른 신들이 아내로 취하기도 했으며, 그 당시 신과 인간이 천상의 언어를 동일하게 구사하고 있었기 때문에 그 자손들 역시도 서로가 소통을 하고 그 유전인자 피부색소가 다른 혼혈아를 낳게 된 시대분위기에서 그 신들끼리 의기투합하여 '자! 우리가 내려가서 언어를 흩으러 놓자!' 하여 보여준 역사적인 사건이 성서적으로 그 유명한 '바벨탑' 사건이다.

하지만 그때 이미 그 조상신 호흡의 유전인자 정기精氣를 달리한 혼혈아들이 번식되고 있었던 것으로 혼혈은 여호와의 영광이 되는 자손이 될 수 없다는 것 때문에 거기에 진노한 여호와가 보여준 역사적인 사건이 또한 죄악이 관영하다 하고 유일하게 혼혈되지 않은 노아 가족만 남기고 몽땅 물로 쓸어버린 물 심판이 그처럼 유명한 '노아의 홍수' 라는 것이었다.

그러한 성서적인 내용의 사건을 보더라도 오늘 서구 신학자들이 지구에 분파되어 있는 오색인종의 뿌리 역사를 유대민족의 뿌리조상 아담의 혈통계보에 단일화 시키고 있다는 것도 문제지만, 그 유대민족 주신에 국한된 신계족인 여호와를 고등종교 기독교 스승 성자 예수께서 지칭하신 대우주적인 성부하나님으로 격상시킴으로 우주근원의 실상을 바로 알지 못하도록 어둠 역사를 하고 있는 실태가 오늘 그와 같은 서구 기독신학의 논리라고 할 수 있다.

그 논리가 피부의 색깔을 비롯하여 종교뿐만 아니라, 환경과 전통 관습 등이 전혀 다른 족속의 뿌리 역사를 유대민족의 혈통계보에 묶어 단일화시키고 있기 때문이다.

그러나 그러한 서구문화와는 고립적 상태에 놓인 그들이 조상으로부터 구전되어 내려왔다는 이야기는 구약의 내용 속에서 전개되는 신들의 행사장면이나 다를 것이 없는 진실함 그대로다. 그 이야기 속에는 지상의 모든 동식물은 그 신들이 하늘에서 가지고 온 것이라고 조상으로부터 들어온 그 이야기를 간직하고 있으며, 그 밖에 수단의 마디모루족도 그와 유사한 조상 뿌리 역사를 나름대로 간직해 오고 있는 이야기가 그들의 조상신이 처음에는 하늘에서 살았지만 지구를 왕래하면서 그들에게 하늘나라 음식을 전해 주고 여러 가지 세상을 살아가는 방법을 전해 주었다고 말하고 있다는 것이다.

그와 같은 이야기는 그 밖에 나사 부근의 베나라는 부족 역시도 그와 다르지 않은 전설적인 이야기를 간직하고 있는 것으로, 처음에 하늘에서 4신이 내려와 자신들의 조상이 되었다고 굳게 믿는 그 믿음이 토속신앙으로 그들 부족 정신을 만들어 나오고 있다는 것이며, 심지어는 지금까지도 문명과는 고립상태로 살아가고 있는 우간다에 있는 반투계의 나이오로족 역시도 마찬가지다. 인간의 모습과 다를 것이 없는 한 쌍의 신인들이 하늘에서 내려와 지구에 처음 인간 생명을 심었다고 믿고 있으며, 쿨루웨라는 부족 역시도 그들을 있게 한 신이 하늘에서 씨앗과 땅을 고르게 하는 갈퀴와, 그리고 도끼와 풀무를 가지고 내려와 세상을 살아가는 여러 가지 방법을 그 조상들에게 가르쳐 주었다고 자랑하고 있다는 것이다.

특히 케냐의 난디라는 부족은 이스라엘 민족 조상신의 이름이 '여호와'라고 하는 것이나 마찬가지로 그들이 주신으로 믿고 있는 주신의 성호가 '토로루트'라고 하는데 그 모습이 사람과 같은데 다만 날개가 달려 있다는 것으로, 흥미로운 것은 그 신이 날개를 움직일 때면 번개가 치고 우레 같은 소리를 낸다는 것이 구약성서 기록에서 여호와가 나타나고 사라질 때의 상황장면과 그 전개상황이 다르지 않다는 점이다.

구약성경에 등장하는 에스겔은 지금으로부터 약 2천 6백년 전의 사람이다. 그는 유대족속의 제사장으로 선지자라고 했다. 그가 주신 '하나님의 이상'을 목도했다는 장소는 그발 강가였다. '그발'은 유프라테스 강을 본류로 삼고 있는 운하의 이름이다. 그는 여기에서 '하나님의 이상'을 목도하고 난 이후, 그가 하나님을 만났다는 횟수와 날짜까지도 기록해 두고 있으면서, 자신이 그 승용물체에 탑승한 체험을 다음과 같이 기록하고 있다.(에스겔 1장 4~8)

내가 보니 북방에서부터 폭풍과 큰 구름이 오는데 그 속에서 불이 번쩍번쩍하여 빛이 그 사면에 비취며, 그 불 가운데 단쇠 같은 것이 나타나 보이고 그 속에서 네 생물의 형상이 나타나는데 그 모양이 이러하니 사람의 형상이라. 각각 네 얼굴과 네 날개가 달려 있고 그 다리는 곧고, 그 발바닥은 송아지 발바닥 같고 마광광 구리같이 빛나며 그 사면 날개 밑에는 각각 사람의 손이 있더라.

에스겔은 하늘에서 내려오는 천상의 사람, 그 실재적인 운행 비행물체를 '하나님의 이상'이라고 묘사하고 있다. 그것은 당시 문명의 이기를 보지 못했던 사람들에게 있어서는 신의 초자연적인 힘, 곧 신비적인 능력의 기적으로 보고 있는 것이다.

하지만 에스겔이 본 그 하나님의 이상을 문명이 진보된 현대인의 시각에서 볼 때는 분명히 문명의 이기인 천상의 4차원 비행물체였음이다. 오늘날 비행물체가 하강할 때의 장면과 그 하부구조의 모습을 그대로를 묘사하고 있기 때문이다.

특히 그 하나님의 이상이 나타날 때 북방에서부터 폭풍과 큰 구름이 오고 있었다는 그 부분이다. 구름이라, 제트기가 고공을 날 때에 일어나는 현상이다.

그리고 우주선이 목적지에 이를 때에 불빛을 점멸하면서 오는 과정
에서의 묘사를 에스겔은 '번갯불'이 번쩍번쩍 사면으로 비쳤다고 했
으며, 또 불 가운데 단쇠 속에서 네 생물의 형상이 나타나는데 사람의
형상이라고 한 것은, 오늘날 우주복을 착용한 승무원을 연상케 해 주
고도 남는다.

　　그 천상의 사람, 신들이 사용했던 비행물체에 직접 탑승했던 엘리
야의 체험을 구약의 내용 속에 담아두고 있다.(열왕기하 2장 11절)

　　여호와께서 회리바람으로 엘리야를 하늘에 올리고자 하실 때에 두 사
람(엘리야와 엘리사)이 행하며 말하더니, 홀연히 불수레와 불말들이 두
사람을 격하고 엘리야가 회리바람을 타고 승천하더라.

　　위의 성구에서 주목되는 것은 '올리고자' 했다는 단어로 어떤 수단
에 의해 운반되어짐을 나타내주고 있는 현상이 그때에 일어나는 '회
리바람'이다.

　　그처럼 4차원으로 문명화 된 천상의 실재적인 운송수단의 비행물
체로 하늘과 땅을 자유자재로 오르내렸음을 보여주고 있는 여호와의
행사모습이다.

　　바로 그것이다. 그러한 여호와 신의 행사모습은 분명히 이스라엘
민족에 국한된 창조수호신으로서 거기에 따른 책임과 의무를 열심히
행사하고 있는 모습 장면을 다음 기록에서도 보여주고 있다.(시편 7
장 11~13)

　　하나님은 의로우신 재판장님이시여, 매일 분노하시는 하나님이시로다.

사람이 회개치 아니 하면 저가 그 칼을 갈으심이여, 그 활을 이미 당기어 예비하셨도다. 죽일 기계를 또한 예비하심이여, 그 만든 살은 회전이로다.

그 성구 내용이야말로 여호와 신의 존재를 분명히 인지할 수 있게 해 주는 기록이다. 그처럼 여호와는 그 이스라엘 백성 창조수호신으로서 그들의 의식 진화를 위해 감시감찰하고 매일 진노했던 것이며, 그 자손들이 그가 세운 명령의 계율에 어긋나게 되면, 그 의식진화 가능성이 보이지 않는 인간으로 간주하여 그 백성들을 각성하게 하는 표본으로 칼이 아니면 불화살을 쏘아 생명을 빼앗기를 주저하지 않았음을 보여주고 있다.

그 불화살이 천상의 레이저 광선이었음을 입증해 주는 실례가 다니엘이 사자굴 속에 던져졌을 때의 사건이 더욱 확실하게 해 준다.(다니엘 6장 22)

나의 하나님이 이미 그 천사를 보내어 사자들의 입을 봉하게 하였으므로 사자들이 나를 상해치 아니 하였사오니….

그 기록에서 사자의 입을 봉했다는 천사는 분명히 레이저 마비광선을 쏘아서 사자를 움직이지 못하게 했음이다. 천상의 신들에게는 그보다 더한 4차원의 문명의 이기가 발달되어 있었음은 '요나서'에 등장하는 큰 물고기 '고래'가 그것이다.

당시의 사람들은 오늘날 잠수함 같은 것은 상상해 볼 수가 없었던 시대로 비행기를 '까마귀' '불말' '불수레' 등으로 묘사하고 있으며,

잠수함을 '고래' 라고 묘사하고 있는 것이다.

그런데도 오늘날까지 지구촌 과학문명을 발전시켜 나왔다는 소위 서양문화권에서 태동한 기독신학 성서학자들의 논리가 그것이 마치 여호와 하나님의 기적인 것처럼 설파하고 있으며, 또 그대로를 받아들여 믿고 있는 신도들이다.

그것이 오늘 우리의 현실이기 때문에 그 성구를 다시 재고해 볼 필요가 있는 것이다.

요나는 니느웨성으로 가라는 여호와의 명령을 거스르고 자기 생각대로 움직이다가 감시 감찰하고 있던 여호와의 진노를 입고 마침내 바다에 던져지게 되었다. 이때 큰 물고기 고래가 나타나 요나를 삼켜 버린다. 그러나 요나는 그 고래 배 속에서 비로소 여호와의 지시에 불순종했음을 후회하게 된다.

그렇게 요나가 돌이켜 간구하는 회개의 음성을 듣고 여호와가 고래 배속에 들어간 요나를 사흘 만에 육지에 토해 내놓도록 했다는 기록이 바로 그것이다.

아무리 큰 고래라 하더라도 사람은 삼켜지면서부터 공기를 들이마실 수가 없게 됨으로 질식해 죽게 마련이다. 뿐만 아니라 삼켜짐과 동시에 고래의 위액이 사람을 소화시켜 버린다는 것은 지극히 정상적인 자연현상이다.

그러나 요나는 질식하지도 녹아버리지도 않은 채, 고래 배속에서 회개를 했다는 것이며, 또 아무 일도 없었던 것처럼 육지에 내려졌다고 했다.

그러한 당시의 미개한 사람들의 묘사 기록 그대로 신학자들은 여호와 하나님의 '기적' 이라고 말하기를 서슴지 않고 있다. '기적' 이란 인간의 머리로 도저히 헤아릴 수 없는 그 어떤 한계에 부딪쳤을 때 편의상 쓰는 용어로 해명이 불가능했을 때는 묘사다. 그처럼 구약시대는 비행물체와 잠수함은 해명이 불가능할 수밖에 없었던 시대였다.

그 기록을 참고해 볼 때 그들은 그때 이미 4차원의 과학문명으로 지구의 해저와 항공을 탐사하여 움직이고 있었음을 구약의 내용을 통해서 유추해 볼 수 있게 해 주고 있다는 사실이다.

구약에서 스가랴가 보았다는 천상의 신들이 비행물체를 타고 내려와서 그에게 정보를 제공해 준 것은 건축물로서 실제적인 집이었음을 기록하고 있다.(스가랴 5장 9~11)

내가 또 눈을 들어 본즉, 두 여인이 나왔는데 학의 날개 같은 날개가 있고, 그 날개에 바람이 있더라. 그들이 그 에바를 천지 사이에 들었기로 내게 말하는 천사에게 묻되, 그들이 에바를 어디로 옮겨 가나이까, 하매 내게 이르되, 그들이 시날 땅으로 가서 그를 위하여 집을 지으려 함이니라. 준공되면 그가 제 처소에 머물게 되리라 하더라.

이렇게 과거 천상의 신들은 지구에 내려와 인간에게 거처할 집까지 직접 마련해 주었을 뿐만 아니라, 여호와가 이스라엘의 언약궤를 만들도록 지시할 때도 그 치수를 세밀하게 가르쳐 주었고, 제사장이 입을 '에보' 역시도 옷의 모양과 재단법까지도 하나씩 열거해 가면서 자세하게 가르쳐 주고 있었음을 기록하고 있다.

구약의 내용 속에서 그처럼 보여주고 있는 것은 아득히 먼 옛날 26세기 전, 비행기나 잠수함 그리고 헬리콥터 등 문명의 이기를 보지 못했던 미개한 당시의 사람들이 그 의식 수준에서 체험하고 본 일을 '여호와 하나님의 기적' 또는 '하나님의 이상' '환상' 으로 표현하고 있는 일종의 보고서와 같은 것으로 그것은 에스겔의 마지막 비행 기록에서 더욱 확실하게 해 준다.(에스겔 40장 1~2)

우리가 사로잡힌 지 이십오 년이요, 성이 함락된 후 십사 년 정월 십일 곧, 그날에 여호와 권능이 내게 임하여 나를 데리고 이스라엘 땅으로 가시되, 하나님의 이상 중에 나를 데리고 그 땅에 이르러 나를 극히 높은 산 위에 내려놓으시는데, 거기서 남으로 향하여 성읍 형상 같은 것이 있더라.

여기에서 에스겔은 그 모양이 놋같이 빛난 사람 하나가 손에 삼줄과 척량하는 장대를 가지고 문에 서서 있더니, 그 사람이 내게 이르되, "인자야! 내가 네게 보이는 그것을 눈으로 보고 귀로 들으며 네 마음으로 생각할지어다. 내가 이것을 네게 보이려고 이리로 데리고 왔나니, 너는 본 것을 다 이스라엘 족속에게 고할지어다."

이렇게 구약시대 천상의 신들이 그 유전인자 색소가 닮아 있는 족속에게 천상의 4차원의 정보를 열심히 제공해 주고 있는 상황 장면 기록이다.

그처럼 섬세하게 가르쳐 주는 정보는 무려 4장에 걸쳐 기록된 실측 치수로 건물을 비롯하여 그 외곽과 안뜰의 크기며, 계단의 층수를 비롯하여 심지어는 창문의 커텐 유무와 조각들의 모양에 이르기까지 하나도 빠짐없이 문자 그대로 전부 수록되어 있는 것이었다.

그 자료의 기록만 있으면 설계도만이 따로 필요가 없이 똑 같은 성전을 지을 수 있을 정도로 정확하면서도 방대한 것으로, 에스겔은 그

날 '놋같이 빛난 사람' 의 분부대로 그 기록을 정확히 그 후세에 전하고 있다.

이렇게 동서의 각 민족들이 그 뿌리 역사에서 담아두고 있는 기록물은 고대 타민족 신들 역시도 마찬가지였다. 이스라엘 여호와 신처럼 비록 방법은 다르지만 그 나름대로 독특한 모양으로 하늘나라 4차원의 정보를 그 흔적의 메시지로 지구 도처에 남겨두고 떠났다. 그중에 우리가 알고 있는 이집트의 피라미드가 그것이다.

그 피라미드가 재래식 의미의 '임금의 묘' 라는 설명은 이미 설득력을 잃어버린 지가 오래다. 그것은 고대인들의 지적 수준이 오늘 문명된 현대과학으로 해득하기 어려운 이상한 에너지를 가지고 있다는 사실은 이미 널리 알려져 상식화 되어 있다.

거기에는 천상의 신들이 인류의 후세들에게 문명화 된 천상의 지식 정보를 제공해 주기 위한 메시지가 입체적으로 그렇게 표현되어 있다고 보아야 할 것이다.

그것은 신기할 정도로 피라미드를 지나는 자오선(지구의 양극과 피라미드 정점을 지나는 선)은 지구상의 대륙과 대양을 정확히 2등분하고 있다는 것이 과학자들의 연구 보고서다.

뿐만 아니라 과거 미개했던 고대인들의 의식 수준으로는 피라미드가 설계될 수 없음은, 고대 이집트 왕들이 미라로 발견된 피라미드 모형도 치수에 비례되게 종이나 플라스틱판 등을 이용하여 속이 빈 피라미드 모형을 만들어 정확히 남북축 위에 놓고, 그 높이 1/3 되는 곳에 식물이나 또는 육류조각 등을 넣어 놓으면 일정한 기간이 지난 후에도 모양이나 색깔 또는 냄새 등을 그대로 간직한 채 '미라' 로 변한다는 것이다.

그처럼 초과학 문명에 도달하는 피라미드를 고대 이집트인들이 설계할 수 없었음은 의심해 볼 여지가 없다. 그 형태는 이스라엘 민족주신 여호와가 그 백성들에게 '하나님의 이상' 혹은 '여호와의 권능'으로 보여준 4차원의 기계 메카니즘이나 마찬가지로 이집트의 민족주신 역시도 천상의 과학정보메시지를 그 자손 후세를 위하여 입체적으로 표현을 해 두고 있는 메시지로 보아야 할 것이다.

이렇게 동서고금을 통해 보는 각 민족의 뿌리 시원의 역사는 천상의 신들이 이미 문명화 된 하늘나라 이기로 지상을 오르내렸으며, 각 족속의 뿌리 역사 기록이 그처럼 구약 속에 기록된 신들의 행사장면이나 마찬가지로 신화적인 요소를 동일하게 담아 두고 있다는 사실이다.

그런데도 서구 신학자들은 타민족의 뿌리 역사는 실재성이 없는 신화로 매도하면서 당시 미개인의 의식 수준 그대로 신과 인간을 멀리 동떨어진 신비한 존재로 원시적 사고로 퇴락시키는 기복신앙관을 주입시켜 오고 있는 실태가 특히 서구 기독신학이다.

하지만 오늘 21세기를 살아가는 현대인들은 과거 미개했던 중세기 사람들의 의식수준이 아니라, 구약시대 그처럼 지구에 내려와 물체 인간을 창조했던 천상의 사람, 그 우주 지성체에 도달해 가고 있음을 여러 형태로 나타내 보여주고 있다.

그렇기 때문에 구약시대 여호와 신의 행사에서 이스라엘 백성과 이웃하고 있었다는 이방민족을 개체로 두고 잦은 능력대결의 싸움이나 붙이며 떼죽음을 시키는 여호와를 전지전능하시고 사랑이 많은 하나님으로 믿으라는 성직자들의 설교는 순진무구한 신도들을 기만하는 것이나 다를 것이 없다는 것이 특히 타종교인들이 보내는 비난의 화살이다.

하지만 그러한 이스라엘의 하나님 여호와의 행사기록을 오늘 우리가 반추해 보아야 할 이유는 거기에 담아 두고 있는 기록들이 어느 한 민족을 위한 밀교서적 문서가 아니라 그 민족과 이웃하고 공존해 온 지구촌 인류문화의 유산으로 보아야 한다는 것 때문이다.

다만 문제는 서구문화 그대로를 여과 없이 받아들인 성직자들이 구약시대 지엽적인 유대민족의 뿌리 역사를 지구촌 인류역사 시원으로 예속화시키면서 지엽적인 유대민족의 주신 여호와를 대우주적인 성부하나님 신위에 올려놓고 '의심은 죄니라' 하고 더는 이성적인 진리의 분별력을 막아서고 있기 때문에 구약과 신약을 엄밀히 검토분석해 볼 필요가 여기에 있다는 것이다.

동서를 막론하고 종교는 그 민족 전통문화 유산으로서 4차원의 정신과학이며, 자연과학으로서 그 현상이 예술과 역사 등을 이루어 나올 수 있게 했던 그 기틀이 되게 한 것이다,

그처럼 지구상에 흩어져 있는 각 부족들이 저마다 간직하고 있는 조상 뿌리 이야기는 우주시대를 열어가는 문명화 된 서양인들이 유일하게 인정하는 구약의 내용과 다르지 않으며, 또한 우리 배달한민족 뿌리 역사 기록과도 크게 다르지 않다는 점이다.

배달한민족의 뿌리를 세우신 조상신의 성호를 환웅천제桓雄天帝라고 했다.

환단고기桓檀古記에는 그 환웅천제께서 하늘 삼천무리의 신장 선관들의 옹립을 받으며 중앙아시아 한밝산 신단수 아래 내려오시어 터를 잡은 곳이라 하여 검벌, 신시神市라고 했다는 것이다.

여기에서 처음 사람 남자 아반과 여자 아만을 만들고 그로부터 번

성되어지는 백성들을 지켜보시며 거느리고 온 삼천의 보좌 신명들에게 각기 그 소명을 주어 그 자손들이 세상을 살아나가는 여러 가지 방법과 지혜를 가르쳐 주게 했었으며, 그로 인하여 세워진 나라 이름을 배달국倍達國 또는 배달환국倍達桓國이라 하였고 백성들이 이 분을 검벌환웅神市桓雄이라고 칭해서 부르고 숭배했다는 것이다.

그 가르치심이 지구촌에 물질과학문명을 앞서 발전시켜 나오게 하는 서양의 이분법적인 정신사고와는 그 차원이 다른 천지인 그 삼천대세계가 태초의 천지창조 하나님의 '한 틀' 속에서 운행되어지고 있다는 일원론으로 그 삼일철학이라는 것이다.

그 가르치심이 배달한민족의 조상신 환웅천제님께서 조상시원의 뿌리에서부터 심어준 종교며 철학으로 한사상이라고 했다는 것이며, 그 사상이념이 서양이 도달치 못하는 인류평화를 구현하는 홍익인간 이화세계 극치의 휴머니즘으로 우주과학 정신문명을 가르쳐 주신 것이라고 했다.

그와 같은 배달한민족 홍익인간 이념의 사상은 과거 지구에 내려와 하늘의 근원적인 이치를 가르쳐 준 성인 현자들이며, 또 크고 작은 과학지식 정보와 예술혼을 보여주고 갔던 천재들의 모든 정기를 한 틀 속에 엮어 담고 있는 진리의 원동맥이라는 것이었다.

그런 맥락에서 기독교 스승 예수께서 제자들에게 세상에는 하늘의 영과 땅의 영이 있다고 귀띔하셨던 것으로, 인도의 시성 타고르는 과거와 현재, 그리고 미래를 내다보는 영적 기파를 보유하고 온 예언자로 우리 배달한민족 위에 펴신 홍익사상이 곧 태초의 조화주 하나님 그 우주정신으로 만국에 빛을 발하게 될 것임을 다음과 같은 시구로 읊어 주었다.

동방의 등불

일찍이 아시아의 황금시기에
빛나던 등불의 하나였던 코리아,
그 등불 다시 켜지는 날에
너는 동방의 밝은 빛이 되리라,
마음에는 두려움이 없고
머리는 높이 쳐들린 곳
지식은 자유스럽고 좁다란 담벽으로
세계가 조가조각 갈라지지 않는 곳
진실의 깊은 속에서 말씀이 솟아나는 곳,
끊임없는 노력이 완성을 향하여 팔을 벌리는 곳,
지성의 맑은 흐름이
굳어진 습관의 모래벌판에 길 잃지 않는 곳,
무한히 퍼져 나가는 생각과 행동으로
우리들의 마음이 인도되는 곳
그러한 자유의 천국으로
내 마음의 조국 코리아여 깨어나소서!

    동양 문화권에서는 최초로 노벨문학상을 수상한 인도의 영적 시인
타고르였다.
    그가 일본을 방문했을 때 한국도 방문해 줄 것을 요청하는 당시의
우리 동아일보 기자에게 지금은 한국을 방문할 수 없는 분위기를 대

동방의 빛
KOREA를 밝혀라

신하여 시로써 그 마음을 전하겠다고 하여 쓴 예언의 시다. 그때는 우리나라가 일제치하에 있었기 때문이다.

영적 시인 타고르는 그처럼 과거, 현재, 미래를 볼 줄 아는 눈, 즉 그 영적 기파를 비장하고 있었던 것으로 전 세계 곳곳에 나라를 달리하고 왔다 간 성인 현자들이 천도의 순행을 살펴 과거, 현재, 미래를 투시하여 예언했듯이, 영적 시인 타고르 역시도 한국은 또 다시 동방의 횃불이 되어 그 밝은 빛이 고조선 시대와 마찬가지로 세계를 비추게 될 것임을 암시하여 예언적 시로써 전해 준 것이다.

그러나 그처럼 위대한 배달한민족의 후예들은 오늘 그 뿌리의 소중함을 잃고 있는 가운데 배달한민족의 국혼은 뿌리를 잘린 채 통곡하며 표류하고 있는 실태다.

그나마 다행스럽게도 지구촌을 동서로 오고 간 성인들과 현자들은 한결같이 후천後天의 말법시대末法時代가 이르게 되면 배달겨레가 다시 그 등불을 켜서 세계만방에 비추게 될 것이라는 그 예언의 목소리를 같이하고 있다. 서양의 기독교인이면서도 대예언자인 노스트라다무스 역시도 천지의 비밀은 동양의 도학에서 그 신비의 베일을 벗겨줄 것이라고 예언한 바 있다.

그가 말한 동양의 도학, 그 학문의 이론은 서양이 물질문명을 발전시켜 나올 수가 있도록 기여한 아이슈타인의 상대성 원리를 먼저 터득한 것으로, 동양의 도학은 자연의 이치를 음양론陰陽論에 그 바탕을 두고 있는 것이다.

이러한 동양의 우주에 대한 시각은 형상화된 우주 그 이면에 보이지 않는 본질의 기운이 무엇인가를 살펴보는 데서 시작하고 있다. 그 논리가 바로 상대성 음양론을 바탕으로, 태초 우주는 밝고 가볍게 뜨는 양기陽氣와 어둡고 무겁게 가라앉는 음기陰氣가 하나로 뭉쳐서 우주 만물을 만들어냈다는 이치이다. 그 원리가 태초에 밝고 가볍게 뜨는 양기를 영靈이라 하고, 어둡고 무겁게 가라앉는 음기를 혼魂이라 하여 영은 성부聖父하나님으로 천기天氣에 속하고, 혼은 성모聖母하나님으로 지기地氣라고 하여 태초 건곤乾坤 천지부모의 우주영혼이라고 했다.

이러한 음양론의 이치에서 배달민족 조상들은 창조주를 '조화주 하나님' 이라고 하였으며, 그 음양 천지부모 조화주께서 만 생명을 만들어낸 근본자리라고 말해 왔던 것이다.

그러한 본자연의 섭리가 완전한 도道를 행사하기 위해 음양 건곤이 일체라는 태초 천지부모 우주정기 영과 혼이 서로를 끌어당겨 완전한 일체를 이룬 모습을 태극太極이라고 했으며, 그 원리가 놀랍게도 '창세기 1장' 의 그 전개상황 기록과 맞물리고 있다는 사실이다.

그처럼 태초의 천지부모 우주 영혼이 그 스스로의 완성을 위해서 운행하는 과정에서 우주력이라는 생명의 원소 그 '빛' 이 음양도 원기元氣의 기氣 마찰충돌에 의해서 만들어졌다는 논리가 바로 지구촌 물질문명을 이루어 나온 과학의 원리로 아이슈타인의 상대성 원리다.

그러한 이치의 맥락이 또한 불교의 교조이신 석가 부처께서 설파하신 공즉시색空即是色 색즉시공色即是空이다. 즉 우주는 있음도 없음도 아니니 '있다' 함은 기의 뭉침이며, '없다' 함은 기의 흩어짐으로, 있음이 없음이며, 없음이 곧 있음과 다름이 없다는 말씀의 뜻이었다.

그러한 기의 원리가 바로 창세기 1장에서 기록하고 있는 만생명의 원소라는 그 태초의 '빛' 으로, 그 빛이 바로 천지창조 하나님의 우주영혼 정기精氣로 창세기에 기록하고 있는 조화주 하나님 말씀의 능력이다. 그 원리가 동양사상으로 보는 삼생만물三生萬物로 대도大道의 자연지도自然之道로서, 자연만물을 기르는 덕을 노자 성현은 자연발생적인 현덕이라고 하고, 대도와 대덕이 자연을 낳아 기른다고 하여 도덕이라고 한 것으로 그 구성이 하늘 근본의 이치를 그대로 이해하여 사실적으로 진솔하게 반영시키고 있다는 점이다.

그런데도 오늘의 서양 문화권에서 태동한 서구 기독신학은 그처럼 어지럽게 창세기 1장과 2장을 혼합시켜 설파함으로써 기독교 스승 성자 예수로 문이 열린 진리의 말씀을 그처럼 혼탁한 '쑥물'로 만들어 많은 영혼을 노략질하는 '사단의 회'가 있을 것이라는 계시록의 예언과 예수께서 '내가 너희를 위해 수고한 것이 헛될까 염려하노라' 하신 그 말씀을 다시 상기해 보게 해 준다.

어쩌면 그 말씀 그대로 응해진 형태가 오늘 서구기독신학 논리이기 때문이다.

그러나 성경 신구약을 엄격히 분석했을 때 구약시대를 마감하기 위해서 구세주로 출현하셨다는 기독교 스승 성자 예수다. 그 신약복음 속에서 인류구원을 위해 하신 말씀이 그 시대변화로 본질상 하나님이 아닌 여호와 신의 창조능력행사에 의해서 영원성이 없이 창조된 너희를 태초에 그 빛의 말씀으로 만물을 다스리는 고등 영체로 그 신성神性을 부여해 주러 왔노라고 하신 것이다.

그 말씀의 뜻이 바로 그리스도 성자 예수 인류 구원이라는 하늘나라 복된 희소식으로 그 말씀을 듣고 거듭남을 입게 되면 너희가 그 동안 절대자 천주天主 하나님으로 믿고 숭배해 왔던 여호와 신과 주종主從의 관계에서 벗어나 그 능력행사를 해 왔던 신들이나 마찬가지로 영혼의 자유를 얻고 또한 그와 같은 능력행사를 할 수 있기 때문에 '다시는 무거운 종의 멍에를 짊어지지 말라'고 하신 말씀의 뜻이 바로 거기에 있었던 것이다.

그처럼 예수께서 본질상 하나님이 아니라고 하신 그 천상의 신들이 태초의 하나님으로부터 창조와 동시에 다스림의 공중권세를 부여받은 우주지성체로 하늘에 정부를 두고 저마다 그 맡은 바 소명을 달리하고 지구에 내려와 그 능력행사를 펼쳐 왔었던 신계족神界族이다.

그 천상의 신족들 능력행사에서 유대민족 창조수호신 여호와처럼 물체인간을 설계 창조하도록 주어진 역할의 소명과는 달리 미완의 지구를 몇 차례에 걸쳐 거듭 개벽하도록 요한 계시록에서 그 일곱 천사天使에게 주었다는 소명의 역할이 진노의 하나님 바로 그 '일곱 대접'을 땅에 쏟으라는 지시였다.

그 섭리 역사가 바로 본자연本自然하신 영계의 조화주 하나님 위치에서 처음 아무것도 없는 혼몽한 가운데 시작한 천지창조 완성을 목적으로 하는 본래의 뜻이 조물주 하나님의 성공시대로 그 결과체를 얻기 위함이 시작과 끝이라는 알파와 오메가의 하나님 그 천기운행天氣運行이라고 한 것이다.

그러한 조물주 하나님 기운행의 섭리역사로 인하여 과거 지구에서 일어났었던 그 이변현상이 육지가 바다가 되고, 바다가 육지가 되는 대이변의 개벽현상으로, 성서 기록상으로 그동안 6번에 걸쳐 있어 왔고, 이제 그 마지막 7단계로 진입해 들어가고 있음을 예수께서 '이 세대가 지나기 전에 다 이루리라' 하신 말씀이 그 뜻을 내포하고 있는 것이었으며, 천지창조 하나님께서 목적하신 성공시대가 어떠한 모습으로 도래到來하는지 성경은 다음과 같은 내용으로 계시해 주고 있다.(요한 계시록 21장 1)

또 내가 새 하늘과 새 땅을 보니 처음 하늘과 처음 땅이 없어졌고, 바다도 다시 있지 않더라. 또 내가 보매 거룩한 성 새 예루살렘이 하나님께로부터 내려오니 그 예비한 것이 신부가 남편을 위하여 단장한 것 같더라. 내가 들으니 보좌에서 큰 음성이 나서 가로되, 보라 하나님의 장막이 사람들과 함께 있으며 하나님이 저희와 함께 거하시리니 저희는 하나님의 백성이 되고 하나님은 친히 저희와 함께 계셔서 모든 눈물을 그 눈에서 씻기시며 다시 사망이 없고 애통하는 것이나 곡하는 것이나 아픈 것이 다시 있지 아니 하리니 처음 것들이 다 지나갔음이라. 보좌에 앉으신 이가 가라사대 이 말은 진실하고 참되니 기록하라 하시고 말씀하시기를 '다 이루었도다. 나는 알파와 오메가라, 처음과 나중이라, 내가 생명수 샘물로 목마른 자에게 값없이 주리니 이기는 자는 그것들을 유업으로 얻으리라, 나는 저희 하나님이 되고, 그는 내 아들이 되리라.

위의 성구에서 주목되는 부분이 '이기는 자'다. 그들이 바로 성부 하나님의 종복從僕 그 천상의 신들이 지구에 내려와 인간농사업장을 가꾸던 그 시절에 맞추어 시대와 나라를 달리하고 출현하신 칠대성현들의 진리의 말씀을 듣고 헛된 세상 물질지향적인 욕심의 마음을 비우고 닦은 수행자들이다.

그들이 예수께서 오직 그 나라 그 의義를 구하라는 말씀에 순종한 자들로 온갖 거짓된 세상의 탐욕과 유혹을 정심정도正心正道로써 뿌리치고 영혼이 성숙된 자들이다. 그들이 완성체로 하나님이 오랫동안 고대하고 바라신 알곡으로 성인의 반열에 들어가는 하나님의 아들로서 동일체가 된다는 뜻이다.

그러한 이치를 기독교 스승 성자 예수께서 신약복음에서 가르쳐 주신 말씀으로, 그렇게 인간 영혼이 성숙되었을 때 '너와 내가 형제라고 하기를 부끄러워하지 않겠다'고 하시며 그 뜻을 주인이 농사짓는 비유까지 들어가며 설파하신 것이다.

그 섭리하심이 천지창조 하나님께서 천상의 신들에게 인간농사업장을 펼치게 하셨고, 그 종자씨들을 영혼생명의 알곡으로 익히도록 진리의 성자들을 내려 보내신 것이 거기에 목적을 둔 섭리역사라는 것이었다.

그렇게 바라고 고대하시는 성숙된 인간 영혼생명체들을 모아 새로운 세상을 열게 된다는 하나님의 섭리역사가 지상낙원세계로 예수께서 '너희가 중언부언 기도하지 말고 하늘의 뜻이 땅에서 이루어지이다.' 그렇게 기도하라고 하시며, 그 뜻이 땅에서 이루어지는 그때에 예수께서도 '새 이름'으로 다시 오리라고 하신 재림예수 그 약속의 언약이다.

그러한 천지공사의 섭리역사가 태초 하나님 빛의 아들 성령체가 과거 2000년 전에 하나님의 종복 여호와신이 그 종자씨 텃밭을 가꾸던 유대 땅에 볼품없는 인자人子로 출현하셨듯이 하나님의 뜻이 땅에서 이루어지는 그때에 '새 이름'으로 구름을 타고 다시 오리라고 하신 것이다.

거기에서 '구름'은 물적인 음기陰氣를 나타내 주는 것으로 과거나 마찬가지로 육신의 형태 그 모습과 같이 인자人子로 다시 오신다는 의미를 나타내주고 있는 것이다.

그 섭리역사가 분열장생 도수였던 선천시대에 있었던 지구 대이변의 환란이 모두 끝나고 마무리 짓는 알파와 오메가 하나님께서 목적하신 그 성공시대이기 때문에 지극하신 성모聖母 백보좌 하나님과 함께 그 보좌신명들까지도 사람의 모습 그 형태로 지상에 출현할 뿐만 아니라, 과거에 인자로 출현하셨던 성현들과 천상의 조화신단들까지도 사람의 혈통계보를 타고 출현하게 된다는 의미를 그처럼 성경 요한 계시록에 담아두고 있는 것이다.

그것이 태초의 조화주 하나님 그 섭리역사로 창조주와 피조물이 동일체가 되기 위한 조물주 스스로의 본능적 작용이라는 것을 예수께서 주인이 농사짓는 비유로 말씀하신 뜻이 바로 거기에 있었던 것이다.

그와 같이 태초에 물질을 형성케 하신 본자연의 위치에서 먼저는 하나님의 종복들이 지구에 인간 농사업장을 벌리고 가꾸어 나오던 초등학문의 계율戒律 그 율법 구약시대를 이루어 나오게 하셨으며, 그로부터 4,000년이라는 시간대가 흘렀을 때였다. 그처럼 하나님의 종복 여호와가 그 종자 텃밭을 가꾸던 구약시대를 마감케 하기 위한 섭리역사가 드디어 그 시대 변화로 하나님의 아들 구세주 메시아 진리의 성자 예수 출현이었다.

그렇게 유대 땅에 구세주로 보내심을 입은 성자 예수께서 그 뻣뻣한 종자 싹수들을 알곡으로 익히기 위해 만사에 섭생하는 원리로 삼라만상이 살아나고 사라지는 생멸변화의 이치를 진리의 말씀으로 설파하시면서, '목마른 자들은 내게 와서 마시라' 고 하신 그 말씀이 영원한 생명의 영생수永生水라고 한 것이었다.

그처럼 인간 영혼이 성숙되는 영생수를 그 텃밭에 뿌려 완벽하게 익은 결과체를 얻기 위해 성체에 물과 피를 흘리기까지 수고를 하시고, 태초의 하나님 그 빛의 아들로서 활달자재豁達自在할 수 있다는 생체부활의 능력을 유대 텃밭 그 종자 싹수들에게 그처럼 보여주시고 '너희 믿음대로 이루어지리라' 하시며 그 제자들에게 때가 이르면 다시 오겠다는 약속의 언약을 남기시고 그처럼 부활승천하신 것이다.

그처럼 다시 오겠다는 약속의 날이 예수께서 비유적으로 말씀하셨던 주인이 그 열매를 거두러 세상에 직접 출현하신다는 가을 추수기로 그 때가 이르면 주인이 그 밭에 나와 그때까지도 익지 못한 종자싹수들은 모아서 불에 태우고, 알곡은 거두어 주인의 창고에 넣는 추수타작 마당을 벌리게 될 것이라는 것이 그 비유적인 말씀이었다.

그 주인의 창고가 바로 기독교 스승 예수께서 말씀하신 지상천국으로 지상낙원地上樂園 세계이며, 불교의 교조이신 석가 붓다께서 말씀하시 구주미륵불救主彌勒佛 정토세계이며, 또한 배달한민족 조상들이 일찍이 조상신으로부터 배워 말해 왔던 그 홍익인간弘益人間 이화세계理化世界인 것이다.

그러한 하나님의 섭리역사에 의해서 체계적으로 시대와 나라를 달리하고 세상이라는 인간 종자 텃밭에 출현하셨던 세계 칠대 성현들이었으며, 그 가르치심이 삼라만상이 사라지고 살아나는 근원적인 섭리역사를 가르쳐 주셨음이다.

그 말씀 모두가 결론은 우주섭리를 관통하게 하는 동일한 맥락으로 선천시대에 있었던 분열장생의 우주기운을 후천시대에 마무리를 짓고 새롭게 열리는 그 세계가 하늘의 뜻이 땅에서 이루어진다는 지상천국시대가 도래한다는 것이다.

그렇기 때문에 그 말법시대末法時代는 특히 사람을 그 환경이나 외모로 판단하지 말고 중시해야 한다는 인존시대人尊時代로 과거 선천시대에 어느 분야에서든지 문명화 된 4차원의 지식정보를 제공해 주고 갔던 그 신과 천재들 역시 다시 와서 하나로 뭉쳐 지상에서 우주시대를 열어가게 된다는 것이 성현들의 말씀이다.

하지만 지금까지 예수께서 말씀하신 그 시대변화의 원리를 깨우치지 못하고 있는 기독신학이다. 그렇기 때문에 그처럼 환상적으로 막연하게 성서적으로 구름타고 오신다는 예수 재림에 대해서만 아리송하게 말할 뿐, 지극하신 조화주 백보좌百寶座 하나님의 지상강림에 대해서는 일체 언급조차도 하지 못하고 있다.

그 이유가 유대민족 창조수호신에 국한된 여호와를 전지전능하시고 무소부재하신 영계의 성부하나님 신위神位에, 그리고 성령으로 잉태하신 성자 예수께서 유대 혈통계보의 탯줄로 출현하시기 위해 잠시 육체의 몸을 빌렸을 뿐인 요셉의 아내 마리아를 태초의 성모 하나님 신위에 격상시켜 놓고 설파하고 있기 때문이다.

그처럼 무지한 성서해석 논리가 창세기 1장의 천지창조 하나님 그 영계의 능력행사와 성부하나님의 뜻을 받들어 창세기 2장에서부터 지구에 등장하여 원시 물체인간을 설계 창조했던 성부하나님의 종복從僕, 그 여호와 신의 능력행사를 동일시하여 설파하고 있을 뿐만 아니라, 거기에 따라 여전히 구약시대 율법성례전 형태로 물질지향적인 초급한 기복신앙관을 주입시키고 있는 형태다.

그렇게 비합리적으로 어지러우며 무지스러운 서구 기독신학의 성서풀이 해석과는 달리 성경 신구약은 그동안 지구에 거듭 여러 차례에 걸쳐 있어 왔던 지구이변의 개벽이 처음과 끝이라는 조물주 하나님의 성공시대, 그 완성을 목표로 하는 천기운행天氣運行에 의한 것임을 요한 계시록에서 그처럼 분명하게 나타내주고 있다는 사실이다.

그와 같은 태초의 하나님 그 섭리역사가 창세기 1장의 기록에서 우주만물을 창조하신 그 진행과정에서 여섯째 되는 날까지 전개되어 마무리를 짓고, 그 일곱째 되는 날에 이르러 비로소 안식의 '쉼' 으로 들어가셨다고 하듯이 마찬가지다.

요한 계시록에서 천지창조 하나님의 성공시대를 나타내 주는 그 7
이라는 숫자 역시도 그 일곱 단계로 비로소 완성되어진다는 의미 부
여를 그렇게 해 주고 있는 것이다.

그와 같이 성서적으로 나타내 주는 그 7이라는 숫자는 커다란 의미
를 가지고 있는 것으로 태초에 천지만물을 창조하실 때에 생명의 우
주 원소자체도 각기 그 에너지 색소를 달리하는 7색의 빛이다. 그 빛
의 존체가 천지창조 하나님의 우주정신 사랑으로 그 '한 틀' 속에서
독자적인 각색 빛으로 조화를 이룬 하나님의 '일곱 영' 으로 하나님과
동일체임을 성서 속에서 다음과 같이 밝혀주고 있다.(요한 계시록 4
장 5~6)

보좌로부터 번개와 음성과 뇌성이 나고 보좌 앞에 일곱 등불을 켠 것이
있으니 이는 하나님의 일곱 영이라.

위의 성구에서 그처럼 하나님과 동일체임을 나타내주고 있는 그
'일곱 등불' 로 켜진 '일곱 영' 이 창세기 1장에서 태초의 천지창조 하
나님께서 보시기에 좋았다는 그 7색의 빛으로 조화주 하나님의 분자
적인 일곱 성령체임을 요한 계시록에서 그렇게 나타내주고 있다는 사
실이다.

그 일곱 성령체가 독자 인격신으로 시대와 나라를 달리하고 세상에
보내심을 입고 출현하신 세계 칠대 성현들이었음을 성서는 다음과 같
은 내용으로 그 실상을 분명히 밝혀주고 있다.(요한 계시록 5장 7절)

일곱 뿔과 일곱 눈이 있으니 이 눈은 온 땅에 보내심을 입은 하나님의 일곱 영이더라.

바로 그 섭리의 이치다. 위의 성구에서도 밝혀주고 있듯이 그 '일곱 영'이 천지창조 하나님과 그 능력행사를 함께했다는 태초의 빛으로 그 계시적인 성구에서 보좌 앞에 '일곱 등불'로 켜진 금촛대의 비밀이다. 그 존체가 창세기 1장에서 '우리'라고 복수형複數形을 나타내주고 있는 광명하신 하나님 빛의 아들로 칠성자의 신위다. 그 빛의 말씀에 의해서 공중권세를 부여받고 창조된 천상의 사람, 그 신족들이 하나님의 뜻을 받들어 지구에 내려와 인간농사업장을 가꾸고 있는 그 시절에 맞추어 이 땅에 출현하시어 그 맡은 바 소명을 크고 작은 법계로 우주섭리를 설파하셨던 그 일곱 성현들이었음을 계시록에서 그처럼 밝혀주고 있다는 사실이다.

그와 같이 크고 작은 법계의 스승 그 존재의 근원을 성경 신구약을 통해서 그처럼 밝혀 주고 있음인데도 서구 신학자들은 하나님의 아들, 진리의 성자는 오직 기독교 스승 예수뿐이라는 주장으로 그 외 성현들의 가르침은 들어볼 가치조차도 없다는 식으로 진리의 말씀이 될 수 없다고 배타적으로 가르치고 있다.

그 형태가 오늘 서구 기독신학자들의 논리다. 하지만 성경은 그처럼 그 칠대성현들의 독자적인 가르침의 말씀이 천지창조 하나님 그 우주 섭리역사로 일대사一大事를 인연한 부분 집합체임을 다음과 같은 내용으로 거듭 밝혀주고 있다.(요한 계시록 5장 1절)

내가 보매 보좌에 앉으신 이의 오른손에 책이 있으니 안팎으로 썼고 일곱 인으로 봉하였더라.

위의 성구에서 보좌에 앉으신 이의 오른손에 일곱 인으로 봉해두고 있었다는 책이 계시적인 하나님의 비밀로 그처럼 독자 인격신으로 이 세상에 출현하신 일곱 성현들께서 삼라만상森羅萬象의 근원의 시작과 끝, 그리고 대자연의 이치를 가르쳐주신 법문이었음을 그렇게 상징적으로 나타내주고 있는 것이다.

그러한 하나님의 섭리역사가 태초 천지창조의 전개수순을 창세기 1장에서 7단계로 보여주고 있었으며, 또한 그 완성을 목적으로 하는 천기운행天氣運行에 의해 그 동안 6번에 걸쳐 지구 대이변의 개벽이 있어왔음을 요한 계시록에서 하나님 진노의 '일곱 대접' 이라는 성구를 통해 그렇게 암시해 주고 있다는 사실이다.

거기에 고증이 되어 주고 있는 입증 자료가 그처럼 고고학자들이 지구 도처에서 발굴해 내고 있는 그 화석체들이다. 그러한 인류 생명체의 존재 연구에 대해서 〈인도 문명의 수수께끼 토다족〉에 관한 기사를 반추해 볼 필요가 있다.

인도에 인간이 살기 시작한 것은 매우 오랜 시대의 일이라고 한다. 1,400~800만 년 전의 호모사피엔스(인류) 화석이 발견된 것과 1922년 인더스 문명의 발상지라는 하라파 모헨조다로의 발굴 등이 잇달았으나 아직도 풀 수 없는 수수께끼들이 많다.

바로 그 문제다. 이러한 인류 고고학자들의 연구는 그렇다면 어떻게 하여 그러한 유전적 인간 변이의 호모사피엔스라는 생명체가 과거 지구에 어떻게 존재하게 되었던 것일까? 하는 그 의문을 제시해 준다.

그들 역시도 오늘의 현생인류처럼 지구에 분포되어 한 시대를 열고 존재해 왔음을 중동이나 아시아, 그리고 아프리카 등지에서 뿐만 아니라 지구 도처에서 발굴되고 있는 그 화석체들이 말해 주면서 그들이 남긴 유적들 또한 흥미로운 수수께끼로 그 의문을 풀어야 할 숙제로 던져주고 있기 때문이다.

이처럼 지구촌은 태고로부터 전해 내려오는 수많은 신화 같은 이야기와 함께 오늘 현재도 지구 도처에서 발굴되고 있는 불가사의한 기원 미상의 유적과 비지구형 문화유산들이 구약성서 창세기 이전에도 지구에 4차원 세계의 천상의 사람, 그 신들이 내방해 왔었음을 그 흔적들로 미루어 짐작해 보게 해 준다는 사실이다.

그러나 고대 사람들은 그와 같은 신들의 내방 흔적을 신화적으로 생각하였고, 이후 문명화 된 지구촌의 현대인들 중에서도 특히 여호와 유일신唯一神 숭배사상 종교논리에 맹신하고 있는 신도들은 신빙성이 없는 허구적인 이야기로 웃어넘기게 마련이다.

하지만 기독교 스승 예수께서는 이제 그 마지막 남은 지구대이변의 개벽이 7이라는 완성 숫자로 들어가고 있다는 뜻에서 제자들에게 이르시기를 '이 세대가 지나기 전에 다 이루리라' 하신 그 말씀의 뜻이 바로 거기에 있었음이다.

그와 같은 하나님의 섭리역사를 성서에서 그처럼 분명히 밝혀주고 있음인데도 서구 기독신학자들은 지구촌 고고학자들이 그 동안 지구 도처에서 발굴해 내놓는 그와 같은 천지개벽의 입증 자료뿐만이 아니라 현대 물리학자들이나 천문학자들이 우주의 기원을 150억년으로 추산하는 논리에 대해서는 일체 그 언급조차도 하지 못하고 있다.

그러한 그들의 성서풀이가 그만큼 비성경적으로 예수께서 지적하신 바로 그 '눈 먼 몽학' 선생들임에는 틀림이 없다. 그 말을 믿고 따르는 신도들 역시 둘 다가 구덩이에 빠지게 되리라고 하셨다. 그리고 제자들에게 '세상의 천 년이 하늘나라 하루와 같으니라' 고 한 그 말씀이었던 사실을 보면, 세계의 물리학자들이나 천문학자들이 우주생성 150억년 추산을 오히려 긍정하고 받아들이게 해 준다.

오늘 지구 도처에서 발굴되는 수천만 년 전의 고대 생명체의 실증인 반화석체들이 수백만 개에 이르고, 전 세계 박물관과 실험실에서 지금도 연구되고 있다고 한다. 그 반화석체들을 여호와 신이 지구에 내려와 에덴동산을 창설하고 물체인간 설계창조론 시간대에 맞추었을 때는 너무나 거리가 먼 이야기임에는 틀림이 없다.

그렇게 종교논리와 일치점을 이룰 수 없는 시간대의 역사를 두고 일부 기독교 성서학자들은 '측정하는 방사성탄소기계가 얼마나 신빙성이 있는 것이냐?' 하고 오히려 부정하려는 측면에 서 있지만, 그러나 현대 과학문명의 방사성 측정시계가 화석의 연대를 수백만 년이나 틀리게 측정하는 시대라면 과거 아득하게 바라보던 달나라를 로켓으로 오고 갈 수 있었다는 사실조차도 부정할 수밖에 없다.

이렇듯 오늘 기독교 창조론 해석과 과학이 일치점을 이루지 못하는 문제점 속에서 서양 과학자들은 생명의 본질이라는 우주 기원의 문제를 놓고 그와 같이 원시성을 탈피하지 못하고 있는 기독신학에 고개를 돌리고 냉철하게 비판하고 있다는 것이다.

오늘 지구촌 고고학자들이 그처럼 발굴해낸 기원전 고대 초기 인류화석에서 나온 '골' 의 특징은 지구 인류의 시조라는 아담 이후의 시대에서부터 나온 두 개골과는 전혀 다른 하나로 원시 '호모사피엔스'

라고 했다.

그 뼈의 유전인자 염색체 분석결과에서 지구의 모든 남자들이 가지고 있는 Y염색체가 없다는 것으로, 최소한 6만년 전에 존재했던 고대 인간생명체의 유전자라는 견해는 지구 최근에 속하는 아담의 후예가 아니라는 것을 그처럼 입증해 주고 있다는 것이다.

그러한 인류 생명체의 존재 연구에 대해서 〈인도 문명의 수수께끼 토다족〉에 관한 기사가 다음과 같은 내용이다.

인도에 인간이 살기 시작한 것은 매우 오랜 시대의 일이라고 한다. 1,400~800만 년 전의 호모사피엔스(인류) 화석이 발견된 것과 1922년 인더스 문명의 발상지라는 하라파 모헨조다로의 발굴 등이 잇달았으나 아직도 풀 수 없는 수수께끼는 많다.

그와 같은 인류 고고학자들의 연구는 그렇다면 어떻게 하여 그러한 유전적 인간 변이의 호모사피엔스라는 생명체가 과거 지구에 존재하게 되었던 것일까? 그 의문을 제시해 준다. 그들 역시도 오늘 현생인류처럼 지구에 분포되어 한 시대를 열고 존재해 왔었음을 중동이나 아시아, 그리고 아프리카 등지에서 뿐만 아니라 지구 도처에서 발굴되고 있는 화석체들이 말해 주고 있기 때문이다.

이처럼 지구촌은 태고로부터 전해 내려오는 수많은 신화 같은 이야기와 함께, 오늘 현재도 지구 도처에서 발굴되는 불가사의한 기원 미상의 유적과 비지구형 문화유산들이 구약 창세기 이전에도 지구에 4차원 세계의 천상의 사람, 그 신족들이 내방해 왔었음을 그 흔적들로 미루어 짐작해 보게 해 준다는 사실이다.

오늘날 서양의 기계적으로 전문화된 종적인 첨단과학문명은 인류 문화의 편의에 크게 기여해 온 것은 사실이다. 그러나 그처럼 인류 시원의 문제를 기술해 놓고 있는 창세기 기록을 밝혀내지 못하고 있다는 것이 그 문제점이다.

그러나 서양과는 달리 동양의 횡적인 삼일철학은 하늘과 땅과 사람이 한 틀 속에서 비롯되어 운행되고 있다는 우주철학으로 성서가 기술해 놓은 창세론을 과학적으로 일치시켜 가며 밝혀볼 수 있게 해 준다는 사실을 주지하지 않을 수가 없다.

이러한 동양철학의 신비에 서양이 낳은 철인 A. 토인비는 죽어 다시 태어난다면 동양철학에 심취해 보고 싶다고 말했을 정도였기 때문에 동양의 우주철학으로 창세론을 밝혀 보아야 한다는 것이 하늘이 오늘의 우리에게 준 숙제임에 틀림이 없다. 그래야만이 다시 뜨는 동방의 등불로 지구촌 어둠의 역사를 마무리 지을 수가 있기 때문이다.

성서로 본 두 금촛대의 비밀

시대변화의 종교혁명은 유대 땅에 성자 예수 출현 그 500년 전, 인도 땅에 출현하셨던 석가모니 붓다의 가르침 역시도 기존의 사상가들과 마찰을 일으켰었던 그 불씨였다.

그 가르치심은 물질을 형상화시킨 성모聖母 하나님의 혼적魂的 도맥으로 인간 생사윤회生死輪廻의 이치적인 법문으로 이 세상에 탯줄을 감고 태어난 인간 육신의 실상과 그 인연법을 깨닫게 해 주시는 말씀이었다.

성모님의 그 혼魂 도맥을 동양역東洋易으로 풀어보게 되면, 4, 9 금金으로 서방경신백제백호西方庚申白帝白虎, 신축성으로 생명의 탄생이다. 그러한 이치에서 붓다께서는 인간 생사生死에 관한 윤회사상을 가르쳐 주셨던 것이며, 안으로 응고 수축되는 음적陰的인 물질 개념의 이치를 자신의 몸체 속에 있는 눈부신 생기의 사리舍利로써 그 증표를 남겨주시고 회귀하셨다.

그 섭리가 불가佛家에서 말하는 완성의 경지로 성불成佛이며 열반涅槃이다.

그러한 음양대별적인 두 도맥이 태초 조화주 하나님의 우주정신 영혼靈魂으로, 각자 독자 신격으로 이 세상에 출현하시어 그 이치를 설파하시고, 또 그 실체적인 상징성을 그처럼 나타내 보여 주시고 본체 자리로 복귀復歸하신 고등종교 스승들이다.

그와 같이 태초의 우주 영혼 음양陰陽 대별적인 두 도맥으로 이 땅에 출현하셨던 고등종교 스승들의 입지를 '요한 계시록 11장 3~7'에서 다음과 같이 증거해 주고 있다.

내가 나의 두 증인에게 권세를 주리니 저희가 굵은 베옷을 입고 일천이백육십 일을 예언하리라. 이는 이 땅의 주 앞에 서있는 두 감람나무와 두 촛대니 만일 누구든지 저희를 해하고자 한 즉 그 입에서 불이 나서 그 원수를 소멸할지니 누구든지 해하려 하면 반드시 이와 같이 죽임을 당하리라.

계시록은 그처럼 천지부모 우주 영혼 그 음양 두 맥의 스승을 두 감람나무와 두 촛대로 비유해 두고 있다.

여기에서 감람나무는 크고 우람하여 많은 새들이 날아와 깃들고 쉼을 얻게 하는 나무로 음양 두 도맥의 고등종교 스승을 나타내 주는 그 상징성의 비유다.

그러한 음양대별적인 두 촛대의 상징성을 그 출생환경에서부터 나타내 보여 주셨음이다. 이 세상에 물질적인 풍요를 더는 바랄 것이 없는 음적陰的 성모님의 혼魂 도맥으로 출현하신 석가 붓다였다.

그러나 그와는 달리 이 세상에 가진 것이라고는 아무것도 없는 허허한 공으로 그처럼 비천한 환경 분위기 속에서 양적陽的 성부하나님의 영靈 도맥으로 출현하신 성자 예수였다.

그와 같이 대우주적인 섭리에 의해서 이 세상에 출현하셨던 고등종교 스승 예수와 석가는 성자 출현 이전에 지엽적인 자연신들을 받들어 섬기던 그 백성들과 기존의 율법사들에게 이제는 하늘나라 대도의 천법天法을 배우라고 설파하시다가 기존의 사상가들과 수없이 마찰을 일으키고 쫓기면서 박해를 받아왔었던 것이다.

그 가르치심이 동일同一하게 근본을 관통하는 하늘나라 대법으로 그 진리의 말씀을 듣고 영혼생명의 실상을 깨닫는 자는 세상 지향적인 고통의 몸부림에서 벗어나 오직 그 나라와 그 의義를 구하는 믿음과 소망으로 슬픔과 애통뿐인 이 세상에서 마음에 위로를 받으며 수행정진하게 된다는 것이다.

그러한 진리의 말씀이 죽을 수밖에 없는 사망의 자식들에게 선물로 주시는 하늘나라 복된 영혼 양식임을 성부하나님의 머리 도맥으로 출현하신 성자 예수의 출생 분위기에서 보다 분명하게 그렇게 나타내주고 있었다.

성자 예수는 출생 성분부터가 사생아로서 그처럼 눕힐 자리도 없는 말구유간에서 걸레보따리에 싸여 짐승들에게 먹이를 주는 여물통 속에 눕혀졌음이 그 상징성이다. 그와 같은 출생 분위기가 육축과 같은 인간생명체들에게 하나님 사랑의 선물로 보내주시는 인간 영혼 양식으로 그처럼 외모를 중시했던 구약 율법시대를 마감한다는 그 상징적 표징이기도 한 것이다.

그토록 비밀한 성자 예수의 출생은 선지자들이 예언한 구세주 만왕의 왕으로 때가 이르면 그 백성들을 흑암에서 구원해 줄 메시아가 올 것이라고 했던 그 '만왕의 왕' 탄생 분위기였다.

거기에 대한 이사야 선지자의 예언이다.

그러므로 주께서 친히 징조로 너희에게 주실 것이라. 보라! 처녀가 잉태하여 아들을 낳을 것이요, 그 이름을 임마누엘이라 하리라.

임마누엘이란, '하나님이 우리와 함께 계시다' 라는 뜻이다. 유대 땅에 보내지기로 예정되어 있었다는 하나님의 선물 예수에 대한 이름을 선지자들은 많은 상징적 비유로 말해 두고 있다.

그처럼 선지자들이 예언했던 구세주 메시아가 그때가 이르러 남자의 체온을 전혀 느껴보지 못했다는 순결무구한 처녀 동정녀 마리아의 몸을 빌어서 성령으로 잉태하였고, 그처럼 눕힐 자리도 없는 말구유 간에서 그 모습을 드러내셨던 것이다.

그 성령체가 바로 태초의 빛으로 하나님 섭리 가운데 이 땅에 보내심을 입었다는 평강의 왕으로 하나님의 종복들이 인간 종자씨를 그들 나름대로의 호흡으로 심고 그 율법적인 계율로 가꾸던 구약시대를 마감하기 위해서 유대 땅에 출현하신 성자 예수였다.

사실 성자 출현 이전의 시대는 다만 육체뿐인 인간들로 동물 농장이나 다를 것이 없었다.

그렇게 짐승들이나 마찬가지로 먹이를 찾아 출렁거리는 인간 동물들에게 영혼생명의 양식을 보내주심으로써 그 양식을 먹게 된 자는 신성神性을 이루어 하늘나라 백성으로 영생을 얻게 된다는 그 의미를 성자 예수 출생에서부터 그 상징성을 그렇게 나타내 보여주셨음이다.

그러한 관계성에서 예수께서는 이후 유대 땅에 그 진리의 말씀을 설파하시면서 '나는 하늘에서 내려온 생명의 떡이니… 내 안에 생명이 있고…' 바로 그 말씀이었다.

그처럼 성자 예수의 가르침의 말씀은 인간 영혼을 성숙시키기 위한 하늘나라 선물의 양식으로, 그 사랑의 말씀이 태초에 우주만물을 창조하신 하나님께서 보내신 바로 그 빛의 숨결임을 내포하신 진리의 말씀이었다.

하지만 그와 같이 복된 하늘나라 영혼양식을 그 백성들은 믿어주려고 하지를 않고 외면했다.

그것이 그 백성들이 말한 성자 예수의 출생성분으로, 그처럼 걸레보따리에 싸서 세상에 출현하게 하신 것은, 하나님의 섭리 가운데 그 크신 하늘나라 천법天法을 세상에 널리 알려 전 인류를 구원하기 위함이라는 그 상징성의 의미 같은 것이기도 했다.

그러한 하나님의 섭리가 만세전에 미리 예정되어 있었기 때문에 그 일을 이루기 위해서 선택받은 백성이 바로 그 유대 이스라엘 민족이었음을 나타내주고 있다.

결국 그들이 그처럼 성자 예수를 외면함으로써 만세전부터 운명적으로 예정되어 있었다는 그 고난의 십자가를 짊어지실 수가 있었던 것이며, 그것이 하나님의 섭리역사로 그 시대 관헌들이 알지 못하게 하기 위한 하나님의 비밀이었다는 것을 성서 속에 기록하고 있다.(고린도전서 1장)

오직 비밀한 가운데 있는 하나님의 지혜를 말하는 것이니, 곧 감추었던 것인데 하나님이 우리의 영광을 위하사 만세전에 미리 정하신 것이라.

그토록 비밀한 하나님의 지혜, 그래서 외형적으로 더 없이 비천하게 태어나신 성자 예수를 성경은 또 다음과 같이 그 의미의 뜻을 밝혀 주고 있다.(고린도전서 1장)

형제들아, 너희를 부르심은 보라, 육체를 따라 지혜 있는 자가 많지 아니 하며, 문벌 좋은 자가 많지 아니 하도다. 그러나 하나님께서 세상에 미련한 것들을 택하사 강한 것들을 부끄럽게 하려 하시며, 하나님께서 세상의 천한 것들과 멸시 받는 것들과 없는 것들을 택하사 있는 것들을 폐하려 하시나니 이는 아무 육체라도 하나님 앞에서 자랑하지 못하게 하려 하심이라.

그것이 분명히 성부하나님의 지혜의 비밀이라고 신약 성경은 기록하고 있다.

그래서 성자 예수를 그처럼 낮고 천한 환경 분위기 속에 태어나게 하신 것은 세상에서 멸시와 천대를 받고 나약하여 위로를 받지 못하는 병든 자들의 친구가 되어주면서, 또한 지식을 자랑하고 세상의 물질적인 부요함을 자랑하는 자들을 그 앞에서 부끄럽게 만들기 위함이라고 그 뜻을 그처럼 밝혀두고 있다는 사실이다.

그러한 하나님의 섭리 가운데 성자 예수는 세상에서 더는 낮아질 것도 없는 모든 조건과 모습을 두루 갖추고 태어나셨기 때문에 그 시대 환경과 외모를 중시하는 그 백성들이나 관헌들이 도무지 헤아려 보지를 못했던 것이다.

그래서 예수를 따르는 제자들은 그 시대 환경적으로 대우를 받지 못했던 낮은 신분들로 수제자 베드로만 하더라도 바다에서 고기를 잡아 생계를 유지했었던 어부였다.

　그처럼 외형적으로 볼품없이 태어난 성자 예수의 모습이 이스라엘 백성들이 선지자 예언을 믿고 조상대대로 학수고대하고 기다리던 만왕의 왕 구세주의 모습이었다.

　그러나 그 구세주 성자 예수가 세상에 인자人子로 출현하시던 그때였었다.

　하늘은 그토록 장엄한 천지공사의 역사적인 순간을 아기 예수의 울음을 신호탄으로 대자연을 관리관장하는 자연신들, 그 신계가 세상을 다스리던 구약시대가 마감되고 진리의 성자 신약시대로 그 변화의 문이 열리고 있음을 세상에 그 징조를 나타내주고 있었음이다.

　그야말로 예사롭지 않은 하늘의 큰 징조를 보고 유대 땅에 찾아온 사람들이 동방박사 세 사람이었다. 그들은 율법만을 배워온 이스라엘 백성들과는 달리 조상으로부터 천리天理의 천문도天文圖를 배워왔기 때문에 천체의 정세를 살피던 중 하늘에서 큰 별이 움직이는 기이한 현상을 본 것이다.

　동방박사란, 하늘 천체의 정세를 살피는 것이 그들의 일로 예지력이 뛰어나게 발달되어 있었기 때문에 천문학 박사라고 불렸다.

　고대 동방의 천문학 박사들은 성자 예수 탄생뿐 아니라, 그보다 앞서 인도 카빌라국에 출현했던 성자 석가모니 탄생 역시도 예견한 바 있었다.

　그들의 예지력은 우주 천체와 소우주라는 인간을 연결함으로써 공간적 시간적 관찰을 통해 과거, 현재, 미래까지도 유추해 보는 지혜의 능력을 보유하고 있는 사람들이었다.

　그 이치가 태초에 정해진 본자연의 법칙임을 '창세기 1장'에서 다음과 같이 분명히 나타내주고 있다.

하나님이 하늘의 궁창에 광명이 있어 주야를 나뉘게 하시리라 하시고, 그 또 광명으로 하여 징조와 사시와 연한이 이루리라.

그 섭리가 바로 대자연의 법칙이다. 그래서 동방박사들은 하늘의 두 광명으로 하여 징조와 사시와 연한이 이루어지면서 우주 천체가 자연법칙에 의해 한 치의 오차도 없이 해와 달, 그리고 별들이 제 궤도를 이탈함이 없이 운행되고 있다는 사실을 동양천문학 그 천리를 배워 터득한 사람들이었다고 했다.

그러한 대자연의 법칙이 바로 태초 '있음'의 근원으로부터 비롯되어 운행되어지고 있기 때문에 우주와 만물이 그러한 본자연의 법칙의 궤도를 벗어나 홀로 존재할 수 없다는 섭리의 이치를 그처럼 터득했던 동방박사들이다.

그 원리가 천도의 운행섭리라는 우주력이다.

그 이치를 바탕으로 하는 동양철학의 역학은 우주가 생멸 변화하는 원리를 밝혀 볼 수 있을 뿐만 아니라, 소우주라는 인간 개인의 생년월시를 그 주역을 바탕으로 풀어보게 되면 그 사람이 타고난 품성의 성정과 그 운명까지도 알아볼 수 있는 우주 암호의 해득서라는 것이다.

그 이치를 바탕에 깔고 있는 것이 동양에서 발달된 사주역학이며, 서양의 별점이 그로부터 비롯된 것으로 창세기 1장에서 '그 두 광명으로 하여 징조와 사시와 일자와 연한이 이루라.' 거기에 기인하여 별자리와 연결지어서 운명을 점쳐보는 것이 서양의 점성술로 별점이라고 했다.

그처럼 '나'라는 생명체가 이 세상에 태어날 때 이미 그 사람이 살아갈 날의 삶의 질, 그 모형도가 거기에 그려져 있으면서 그 운명의 패턴에 의해 살아간다는 것이다.

이러한 자연의 조화는 본자연本自然에서 대자연大自然, 그리고 자연自然으로 고리를 잇고 해와 달, 그리고 별들에 의해 운행되고 있기 때문에 달의 인력에 의한 조수간만의 영향을 볼 수가 있고, 식물 또한 계절에 따라 변화를 가져오게 된다는 것이 그 이치다.

이렇게 동양의 술이부작述而不作의 역서易書는 우주 시발의 음양 일월의 변화도를 담아두고 있는 것으로 고대인들 중에서도 특히 유프라테스강 하류에 살고 있던 유목민 카르테안들은 이러한 자연의 이치를 적용시켜 천체를 관측하는 수학능력이 발달하였다고 한다.

그 이치를 바탕에 깔고 그들은 달력을 만들어 우리 한민족 조상들이나 마찬가지로 사용해 왔으며, 타고난 인간의 개성까지도 거기에 맞추어 점쳐 보았던 것으로 그로부터 비롯된 점성술사를 카르테안이라고 부르게 된 것이 그 유래였다는 것이다.

그와 같은 자연법칙을 고대 동방박사 천문학자들 역시도 그때 벌써 그 이치를 터득했었음을 성서 기록을 통해서도 보여주고 있다. 그래서 동방박사들은 자연의 변화와 하늘의 징조를 보고 지구의 크고 작은 이변을 예견하기도 했었으며, 사람에 있어서도 하늘의 징조를 보고 어떤 인물이 태어나게 될 것이라는 것까지도 예견을 했었다는 사람들이다.

그런데 하물며 그토록 큰 대법계의 스승 성자 예수의 탄생에 천상의 신계, 그 하늘 정부의 축전이 오고 갔을 것은 물론이다. 그로 하여 큰 별이 움직여지는 징조에 유대 땅에 큰 임금이 태어날 것이라고 예견한 동방박사들은 그 큰 별이 머물러 있는 곳, 예루살렘까지 찾아와서 그들이 물었다는 말이다.

"유대인의 왕으로 태어나신 아기가 어디 계시뇨? 우리가 동방에서 그 별을 보고 그에게 경배를 하러 왔노라."

그러나 그들이 물었던 그 말이 온 예루살렘에 퍼져 일대 소동이 일어나게 되었다. 분명히 유대인의 왕이 태어나신 곳이 어디냐고 물었기 때문이다.

그 소문을 전해 들은 헤롯왕은 마음이 편할 리가 없었다. 유대인의 왕이라니, 헤롯왕은 걱정이 되어 긴급히 대제사장들과 서기관들을 소집하고 그들에게 물었다.

"그리스도가 어디에서 태어날 것 같으냐?"

대제사장들과 서기관들은 선지자들의 예언의 말을 상기시키며 예루살렘이라고 말했다.

이에 헤롯왕은 동방박사들을 조용히 불러 별이 나타난 때를 묻고 그들을 베들레헴으로 보내면서 말했다.

"가서 아기에 대하여 자세히 알아보고 찾거든 내게 고하여 나도 가서 그에게 경배하게 하라."

헤롯왕은 장차 유대 임금이 될 것이라는 그 아기를 찾아 죽이고자 한 것으로, 선지자들이 만왕의 왕으로 태어날 것이라 예언한 왕을 세상 나라를 다스릴 큰 왕으로 생각하고 마음이 편치 않았던 것이다.

헤롯왕의 그러한 심중을 헤아리지 못한 동방박사들은 아이를 찾으면 왕에게 고하겠다는 인사를 하고 베들레헴으로 향했다.

이 때 다시 동방에서 보던 그 기이한 별이 그들 앞을 인도하다가 문득 멈춰 선 곳이 베들레헴 마구간이었다.

동방의 빛
KOREA를 밝혀라

이들은 그 마구간으로 들어가 여물통에 눕혀져 있는 아기 예수와 그 어머니 마리아와 요셉을 보고 크게 기뻐하며 장차 이 아이가 유대의 큰 왕이 될 것이라는 말을 하고 엎드려 경배를 드린 후, 준비해 가지고 온 황금과 몰약을 예물로 바쳐 올리고 나왔다.

그런데 그날 밤이었다.

동방박사들 꿈에 천사가 나타나 헤롯왕에게 돌아가지 말 것을 당부했다. 그래서 그들은 천사가 일러 준 지시대로 딴 길로 돌아서 유대 땅을 떠났다.

그날 밤, 요셉에게도 그 천사가 나타나 헤롯왕이 아기를 찾아 죽이려 하고 있으므로 아기와 마리아를 데리고 이집트로 피신하여 다시 일러 줄 그때까지 그 곳에 있으라고 현몽을 해 준다.

요셉은 길을 떠나기 전에 앞서 아이에게 율법의 규례대로 할례를 받게 해야 한다고 생각했다.

그것은 구약시대 율법적인 의식행사로 여호와가 이스라엘 백성들에게 엄히 세워 놓은 계율이었기 때문이다.

그 당시 이스라엘 백성들은 첫 아들을 낳으면 무조건 여호와 하나님께 바친다는 율법적 봉헌 의식의 할례를 치러야만 했었다. 그 봉헌 의식을 치루기 위해서 준비한 제물을 들고 예루살렘으로 올라갔을 때였다

그때 예루살렘에는 시므온이라는 선인仙人이 과거 유대 땅에 오고 간 선지자들이나 마찬가지로 살고 있었다. 그는 과거 선지자들이 예언한 하나님의 아들 구세주 메시아를 그의 생전에 한 번 보고 죽는 것이 소원이라고 한 사람이었다.

그런 그에게 그 전날 밤 천사가 나타나 선지자들이 예언한 구세주

메시아를 보게 될 것이라고 현몽을 해 준다.

그래서 시므온은 그 날 성령의 감동을 받고 예루살렘 성전에 와서 전날 밤 꿈의 계시를 떠올리며 기다리고 있었다.

이때 마리아와 요셉이 아이를 안고 들어오는 것을 보고 그는 그 아이가 곧 구세주 메시아임을 즉시 알아보고 기뻐하므로 마리아가 그 팔에 아기를 안겨주었다.

그러자 그가 감격해 하며 말했다.

"이 아이는 수많은 이스라엘 백성들을 넘어뜨리기도 하고 일으키기도 할 분입니다. 또한 이 아기는 많은 사람들의 반대를 받는 표적이 되어 당신의 마음을 예리한 칼에 찔린 듯 아플 것입니다. 그러니 이는 반대자들의 숨은 생각을 드러나게 할 것입니다."

요셉과 마리아는 그 말을 마음에 담고 그 길로 예루살렘을 떠나 에굽(이집트) 땅으로 향했다. 그 후 헤롯왕은 동방박사들이 왔다 간 때를 전후해서 베들레헴과 그 일대에 사는 두 살 이하의 사내는 모조리 죽이라는 명령을 내렸다.

이렇게 당시의 백성들이나 헤롯왕은 만왕의 왕이 태어나게 될 것이라는 선지자들의 예언을 세상 나라를 다스릴 큰 임금쯤으로 생각했고, 그래서 무죄한 어린 아이들만 무참하게 그 참변을 당했던 것이다.

그리고 얼마 후 헤롯왕이 죽자 요셉의 꿈에 다시 그 천사가 나타나서 아기의 목숨을 노리던 자가 죽었으니 일어나 아기와 함께 다시 이스라엘로 돌아가라고 현몽을 해 준다.

그래서 요셉은 천사가 일러준 대로 갈릴레아 지방의 작은 나사렛이라는 동네에 이르러 그곳에 머물러 정착하게 되었다.

그래서 예수는 나사렛 동네에서 의부인 요셉의 목수 일을 도우면서 세상의 학문 그 정규 수업은 받아보지도 못하고 자랐다.

그러나 성장하면서 그 지혜가 보통 아이들과는 다른 면을 보여주었다고 한다.

열두 살의 어린 나이에 학자들 틈에 끼어 앉아 듣기도 하고 묻기도 하는 그 질문과 대답이 어른들의 생각을 능가하여 주위의 학자들이나 어른들로부터 주목을 받을 만큼 그 지혜가 남달리 출중했었다는 성서 기록이다.

이렇게 구세주 메시아 성자 예수는 태어나면서부터 운명적인 시련을 그처럼 겪고 그 나이 13세가 되었을 때에 이스라엘 본집을 떠났다. 그 당시 이스라엘에서는 남자 나이 13세가 되면 관습에 따라 아내를 맞이하게 되어 있었다.

그 해 예수께서는 가족과 함께 예루살렘에서 율법규례의 행사를 마치고 나사렛으로 돌아가는 가족들의 대열을 은밀하게 빠져나와 상인들의 무리와 함께 인도로 향했다.

그것은 장차 아버지(성부) 하나님께서 정하신 그 위대한 역사를 준비하기 위해 떠나야 했었던 그 행보였음이다. 그래서 성서에는 성자 예수의 생애에 대한 기록이 12세부터 29세까지의 행적이 일체 빠져 있다.

그리고 성경에서 그 모습이 다시 등장하게 된 것은 29세로 십자가에 못이 박혀 장사한 지 그 사흘 만에 다시 살아나 생체부활을 하시기까지 그 3년간의 행적이 전부다.

그렇다면 성서적인 그 공백의 기간 동안 청년 예수께서 어디서 무엇을 하며 지내셨다는 것인지 기독교 신학자들은 거기에 대해서는 일체 언급할 생각조차 하지 못하고 있다.

그 의문의 숙제를 오늘 서구 신학자들이 과연 풀어낼 수 있을 것인지 하는 것 또한 문제점이라고 할 수 있다.

  그 행적이 밝혀지게 되면 지금까지의 여호와 유일신唯一神 숭배사상과 함께 지구촌 전체 인류가 유대민족 아담과 이브의 후예라는 그러한 기독신학 논리가 새롭게 재정리되어져야 하기 때문이다.

자미성과 북두칠성의 비밀

물질이 왕노릇 한다는 세상이다. 그와 같이 물질이 왕노릇 한다는 이 세상 음부의 권세가 주는 고뇌와 슬픔, 그 종착역은 누구나 그처럼 피할 수 없는 죽음이다.

그런데 고인古人의 장례를 치를 때 망자亡者의 관 뚜껑 위에 현고顯考 아무개 학생 졸자卒字를 써서 붙인 관례적인 그 풍습의 의미가 무엇인가를 다시 생각해 보게 해 주었다.

거기에 내포하고 있는 의미가 오늘 이만큼 세상을 배우고 간다고 하는 뜻이 아니고 무엇이겠는가.

그리고 보면 우리 조상들은 죽음은 허무가 아니라, 인간 영혼 진화의 단계적 수순으로 구천九天 하늘이 있다고 말해 왔으며, 거기에 따르는 섭리운행이 그 영혼 이동성으로 다시 몸을 받고 인간으로 환생幻生한다는 생사윤회生死輪廻의 이치를 그처럼 일찍부터 알고 이만큼 배우고 간다는 뜻에서 그 졸자卒字를 써서 붙였음이다.

그런데 거기에 더욱 놀라운 것은 망자의 그 목관을 '칠성판'이라고
했다는 데에 있다.

그러고 보면 우리 조상들은 일찍부터 서양에 앞서 우주과학의 원
리, 그 천문도를 깨우쳤음을 고인의 장례식장에서 그 실증처럼 나타
내주고 있는 것이었다.

그러한 우리 조상들의 생활풍습을 만들어준 고신도高神道의 원리가
태초 본자연本自然으로 존재하신 음양조화주陰陽造化主 천지부모의 분
자적分子的인 빛의 아들이 바로 그 칠성자七聖子의 개념이었다.

그 에너지 색소가 빨, 주, 노, 초, 파, 남, 보 칠색七色으로, 그 빛이 천
지부모와 일체관계로 우주 만생명의 근원자리라는 뜻에서 우리 조상
들이 '한얼님'이라고 칭하고 하늘을 향해서 빌어 왔었다는 민간신앙
풍습이 그로부터 비롯되었다는 것이다.

그런데 놀랍게도 그러한 천문도의 이치를 담고 있는 내용의 기록이
성경 창세기 1장에서 하나님의 보시기에 좋았다는 '태초의 빛'으로,
천지부모 하나님의 우주정신 그 뜻에 따라서 우주만물을 창조했다는
바로 그 칠성자의 신위神位로 '우리'라는 다수多數의 복수형複數形을 나
타내주고 있는 그 기록과 맞물리고 있다는 점이다. 그처럼 다수로써
나타내 주는 그 성령체聖靈體와 천지부모와의 관계를 천상세계를 보고
와서 기록했다는 요한 계시록 4장 5~6에서도 다음과 같이 분명히 밝
혀주고 있다는 사실이다.

보좌로부터 번개와 음성과 뇌성이 나고, 보좌 앞에 일곱 등불 켠 것이
있으니 이는 하나님의 일곱 영이라.

그와 같이 요한 계시록에서 밝혀주고 있는 하나님의 그 '일곱 영'이 우리 한민족 조상들이 생명의 근원자리로 믿고 칠성님께 빌어 왔었다는 민속신앙으로 '한얼님' 숭배사상이었으며, 그 개념에서 비롯된 것이 그 칠성판이었다는 것이다.

그런데 그러한 우주 천문도의 원리를 기독교 성경 요한 계시록에서 그처럼 밝혀주고 있다는 사실이 놀라울 수밖에 없었다. 서구 기독교 신학자들이 오늘에 이르기까지도 그 내용의 부분에 대해서는 일체 언급조차 하지 않고 있을 뿐만 아니라, 하나님 빛의 아들은 오직 독생자로 예수뿐이라는 논리를 설파하고 있기 때문이다.

거기에 신도들이 성서적인 의문을 가지고 묻는 질문에 목회자들은 단일적인 서구 기독신학만을 배워왔기 때문에 묵언默言이 아니면 그 책임을 오히려 신에게 돌려 '의심은 죄'가 되는 것이라며 기피를 해오고 있는 실태다.

그러나 그와 같은 우주 만생명의 원소라는 태초의 빛 그 원리가 서양현대과학의 아버지로 불리는 아인슈타인의 쌍립적雙立的 상대성 양자역학에서 말하는 중성자中性子파로 그 빅뱅론이다.

그런데 그러한 서양과학의 양자역학 원리와 맞물리고 있는 빛의 개념이 놀랍게도 우리 조상들로부터 전래된 조화주 천지부모 일곱 빛의 분자分子, 그 '칠성님' 숭배사상의 이치와 동일하다는 점이었다.

그렇게 현대과학 논리와 맞물리고 있는 우리 조상들의 종교며 철학인 그 '한얼사상'의 개념이 태초의 음양陰陽 조화주 천지부모 하나님이신 성부聖父의 에너지를 분열 팽창되는 양전자파로 '한 알님 = 1神'이라고 칭했으며, 물질의 모태이신 성모聖母님의 소립자 에너지가 안으로 응고 수축되는 음전자파로 '한울님 = 2神'이라고 칭했다는 원리가 음약 태극太極으로 천지부모의 상징성을 나타내주는 것이라고 했다.

그 개념이 또한 성경 창세기 1장에서 '하나님의 신이 수면을 운행하심으로 그 기록과 맞물리고 있다'는 점이다.

그 이치가 그처럼 태초 혼몽한 무극無極상태에서 상대성 음양이성陰陽異性으로 조화를 이루신 천지부모 우주정신의 '얼'이 태초의 빛이라는 그 중성자파로 분자적인 성자의 입지임을 나타내주고 있는 것이다.

그런 의미에서 우리 조상들은 천지부모 분자적인 그 빛을 '한얼님' 또는 '칠성님'이라고 칭했다는 것이며, 그 존체가 바로 태초 천지부모와 함께 만물을 형상화시켜 낸 능력의 빛으로 만생명의 우주원소임을 현대과학 양자역학에서 그처럼 밝혀주고 있다는 사실이다.

그런데 놀랍게도 그 천문도의 원리를 하늘 제사권祭祀權 민족으로 선택을 받고 일찍이 조상 뿌리에서부터 그 우주신도를 배워 왔었다는 우리 배달한민족의 조상들이다.

그로부터 비롯된 민간신앙 풍습이 동네 어구에 삼신각三神閣과 칠성각七星閣을 세워놓고 귀한 자손을 점지해 달라고 정안수를 떠 올려놓고 빌어 왔었던 그 민간풍습이 그와 같은 논리개념에서 비롯된 것이라고 했다.

그와 같이 우주 만생명의 근원이라는 태초의 빛으로 그 칠성자七星子 '한얼님' 사상에서 비롯된 우리 한민족 민간신앙의 풍속도가 귀한 자손이 태어났을 때에 하늘에 계신 칠성님께서 점지해 주셨다는 감사함으로 세계 속에서 유일하게 그 일곱 빛깔 생동저고리를 만들어 입혔다는 것이고 보면 지구촌에서 하는 제사권祭祀權을 받고 세워졌다는 자랑스러운 천손민족天孫民族임에는 틀림이 없는 것이다.

그러한 우주 섭리의 이치를 일찍이 조상 뿌리에서부터 배워왔었기 때문에 그처럼 한 세상을 살고 저 세상으로 떠나가는 망자의 영혼을 칠성님의 보호하심을 바란다는 위미에서 고인의 명복을 빌어주는 목판을 칠성판이라고 했다는 것이 그 유래였다고 했다.

그렇다면 이 세상에 태어난 인간들이 어떠한 형태 모습으로 내 영혼을 승화시켜서 떠날 것인가?

그 주제가 물체인간 세상에 주어진 숙제다.

인간은 동물처럼 털가죽은 없지만 자기 자신 속에 내재된 동물적 속성의 모습을 간직하고 있음을 제멋대로 출렁이는 그 행동 모습에서 읽어볼 수 있게 해 준다.

하지만 인간의 추구해야 할 목적과 진정한 행복이란 자기 영혼의 실체, 그 생명의 실상을 찾아 깨달았을 때 외에는 이 세상에서 만족한 행복이란 결코 있을 수도 없고, 또 얻을 수도 없다는 것을, 한 세월을 동물적 속성 그대로 출렁이다가 떠난 고인의 장례를 치루는 마당에서 더욱 느끼게 해 준 것이기도 했다.

그처럼 인간 생사生死의 이치와 가치존재를 그 '칠성판'을 두고 다시 생각을 해 보는 그 틈 사이로 세상 고뇌를 몰랐던 어린 시절, 그처럼 어머니가 정성들여 만들어 입혀 주신 색동저고리를 입고 고향집 뜨락에서 뛰놀던 추억이 살포시 살아올라 어느 사이 눈을 감고 그 시간 속으로 미소를 짓고 걸어 들어가고 있었다.

꿈속이었다.

저만치 대나무 평상에 미소를 짓고 앉아 계시던 어머니가 그 옛날 별들이 초롱거리는 달밤에 하늘을 쳐다보면서 하시던 몸짓 그대로 손목을 덥석 끌어다가 가슴에 얹고 물어왔다.

"엄마가 가르쳐 준 그 북두칠성이 어디 있지?"

"응? 아, 저기 있네. 북두칠성 그 엄마 새벽별이랑 그 자리에 그대로 있네."

"그래, 저 북두칠성 앞에 반짝이는 새벽별을 자비로운 성모님의 별이라고 해서 우리 조상들이 자미성이라고 했었단다. 엄마가 너를 이렇게 사랑하는 것처럼 칠성님과 영원히 떨어질 수 없는 그 엄마별이지."

그 이야기를 해줌과 동시에 와락 끌어안는 어머니의 몸짓에 화들짝 놀래서 눈을 뜨고 말았다.

눈 깜짝하는 순간에 꿈속에서 있었던 그 장면의 대화는 그대로 많은 생각을 안겨 주었다.

우주 만생명의 근원, 그 태초의 빛이라는 칠성님의 상징성이 어두운 밤하늘에 길 잃은 나그네의 이정표가 되어 주고 있다는 그 북두칠성北斗七星이라는 것과, 그 앞에 유난히도 크게 반짝이는 새벽별이 북두칠성의 모체母體로 우리 조상들이 자미성紫微星이라고 칭했다는 것은 하늘나라 우장하신 백보좌 성모聖母 하나님을 상징하는 의미를 그 속에 내포하고 있다는 것이었기 때문에 자문자답을 하듯이 가만하게 뇌까렸다.

"그래, 내가 왜 이 세상에 태어났는지 그 이치를 모르는 인간들에게 하는 우주 섭리를 바로 깨달으라고 대자연 속에 그처럼 못 박아 놓은 상징성이 북두칠성과 자미성이었던 게야."

그렇게 뇌까리는 순간에 뇌리를 스치는 성구가 그동안 교회를 다니면서도 그 해답을 얻지 못하고 의문으로 남아 있었던 바로 그 '요한

동방의 빛
KOREA를 밝히다

계시록 5장 6∼7'이었다.

　내가 또 보니 보좌와 네 생물과 장로들 사이에 어린 양이 섰는데 일찍 죽임을 당한 것 같더라. 일곱 뿔과 일곱 눈이 있으니 이 눈은 온 땅에 보내심을 입은 하나님의 일곱 영이더라. 어린 양이 나와서 보좌에 앉으신 이의 오른손에서 책을 취하시니라. 책을 취하시매 네 생물과 이십사 장로들이 어린 양 앞에 엎드려 각각 거문고와 향이 가득한 대접을 가졌으니 이 향은 성도의 기도들이라. 새 노래를 노래하며 가로되 책을 가지시고 그 인봉을 떼기에 합당하시도다. 일찍 죽임을 당하시사 각 족속과 방언과 백성과 나라 가운데서 사람들을 피로 사서 하나님께 드리시고 저희로 우리 하나님 앞에서 나라와 제사장을 삼으셨으니 저희가 땅에서 왕노릇 하리로다.

바로 그것이었다.

계시록에서 보좌 앞에 있는 하나님의 그 '일곱 영'이 사망이 왕노릇 하고 있는 인간 세상에 영원한 하늘나라 그 생명의 실상을 가르쳐 주기 위해 보내심을 입었다는 천지부모 빛의 아들, 그 일곱 성자들이었으며, 그 중에서 성부하나님의 우주정신 '사랑'의 머리 도맥으로 그 이치를 빛으로 나타내 주기 위해 십자가 위에서 희생의 제물이 되셨던 성자 예수께서 '나는 길이요, 진리요, 생명이라' 하신 그 말씀의 의미를 그처럼 활달자재豁達自在하는 빛의 능력으로 나타내 보여 주셨던 기독교 스승 성자 예수의 상징성을 요한 계시록에서 '어린 양'으로 나타내주고 있었음이다.

그러나 그처럼 인류구원을 위해 희생의 제물이 되어 성체에 물과 피를 흘리기까지 수고를 하신 그리스도 성자 예수 십자가의 고난이 안타깝게도 오늘 서구 기독신학 논리에 의해서 무색하게도 영생수永生水가 아닌 '쑥물'이 되어버린 격이나 마찬가지다.

서구신학의 성서풀이가 타민족을 지배하기 위한 궤변조작 논리로 '창세기 2장'에서부터 하나님의 종복從僕 여호와 신이 지구에 내려와 보여주는 능력행사 모습이 구획적인 에덴동산을 창설하고 그처럼 무지無知스러웠다는 물체적인 원시인간 창조행사 모습이다.

그런데 '창세기 1장'에서 기록하고 있는 대우주적인 천지창조 하나님의 빛의 세계관과 '한 틀' 속에 묶어서 유대만족의 창조주신에 국한된 여호와를 성자 예수께서 '내 아버지'라고 지칭하신 성부하나님으로 승격시켜 설파하고 있는 논리형태다.

하지만 그 논리가 그처럼 당위성이 없는 오늘 서구 기독 신학자들의 성서풀이 해석임을 계시록에서 그와 같이 입증시키고 있다는 사실이다.

그러한 서구 기독신학논리는 성자 예수께서 인류 구원을 위해 희생의 제물이 되셨던 십자가 피 흘림의 공로를 무색하게 하는 '사단의 회'라는 것이 또한 '요한 계시록 2장 8~10' 예언이다.

그러나 때가 이르면 그처럼 기독교 스승의 정신을 훼방하는 서구신학 그 논리가 재정립되어 인봉된 하나님의 '일곱인'을 떼시게 한다는 것과, 하나님의 일곱 영, 그 가르치심의 이치를 그때에 비로소 깨우치게 됨으로 종교적인 갈등을 빚고 있는 오늘 지구촌에 그 편견의 벽을 허물어내고 평화로운 새 노래를 부르게 된다는 것이 성서적인 예언이라는 사실에 그 화두를 들고 시대와 나라를 달리하고 출현하셨던 세계 칠내성현들의 삶의 족석과 그 가르치심이 무엇인가를 살펴보기로 한 것이었다.

그런데 그렇게 이 땅에 보내심을 입은 하나님의 '일곱 영' 그 성현들의 가르침에도 단계적인 수순을 나타내고 있는 것으로 대법계 불교와 기독교, 그 고등종교 스승 출현보다 그 먼저 동서東西로 시대와 나라를 달리하고 출현하셨던 성현들이 공자, 노자, 장자, 마호메트, 소크라테스였다.

그 시대적인 출생과 행적에서 하나님의 분자적인 지체도맥肢體道脈의 가르침, 그 의도가 무엇이라는 것을 보다 분명하게 밝혀 볼 수 있게 해 주고 있다는 사실이다.

공자 성현의 불성

고등종교 스승들보다 앞서 노魯나라 장평항에서 기원전 551년에 출생한 공자는 기원전 479년에 세상을 떠나기까지 주로 인간의 도덕정신을 가르쳤던 위대한 대학자며 사상가로 후세인들에게 평가 받고 있다. 한때 재상을 지내기도 했던 공자께서는 시경詩經, 서경書經, 춘추春秋 등을 정리했고, 3천의 제자들에게 시詩, 서書, 예禮, 악樂을 강론했다.

유교의 조종을 이루었던 공자님의 유교사상은 건곤음양乾坤陰陽 천지부모의 정신을 대별해 주는 대법계의 스승이 아니기 때문에 노자와 장자 성현들의 사상이나 마찬가지로 대종교가 될 수 없었다.

그러나 만물의 도道와 덕德을 가르쳐 사람이 행해야 할 도리道理가 무엇인가를 가르쳐 준 큰 스승으로, 공자하면 군자행君子行이라는 머리글부터 떠올리게 된다.

그 가르침 가운데 널리 알려진 말씀이 '수신제가修身齊家 치국평천하治國平天下' 이다. 즉 몸과 마음을 닦아 정돈하고 내 가정을 잘 다스릴 줄 아는 사람만이 집 밖을 나가서 천하를 다스릴 수 있다고 하신 그 말씀이 사서삼경四書三經의 핵심이다.

그처럼 인류의 도덕성을 가르쳐 온 공자께서는 아무리 총명하더라도 배우지 않으면 깨닫지 못하고, 배움의 노력이 없으면 인생을 밝힐 수가 없다고 하셨다. 공자께서 제자들에게 하신 말씀이 '정신일도情神一到 하사불성何事不成' 이다. 그 뜻은 '마음과 정신을 한 곳에 모으면 어떠한 어려운 일이라도 이룰 수 있다' 는 말이다. 이러한 공자님의 가르침은 세상의 진리란 것도 이와 같이 날마다 쉬지 않고 정진하여 닦는 자만이 마음이 길들여져서 마침내 진리와 일체를 이루게 된다는 것이었다.

공자께서 광·땅에 머물고 있을 때였다. 송나라 사람들이 무기를 들고 여러 겹으로 그의 거처를 에워쌌다. 그러나 공자는 거문고 타기와 노래 부르기를 멈추지 않았다. 이에 공자의 제자인 자로子虜가 들어가 스승에게 물었다.

"스승님은 무엇이 즐거워 노래를 부르십니까?"

그러자 공자는 아무렇지도 않은 듯이 자로를 쳐다보고 말했다.

"내 너에게 일러주리라. 내 궁한 것을 꺼린 지 오래 되었으니 그것을 면하지 못한 것은 천명이었고, 통하기를 구한 지 오래였으나 그것을 얻지 못한 것은 때가 있기 때문이니라. 요순의 때에는 천하에 궁한 사람이 없었다. 그러나 그것은 사람이 모두 지혜가 있던 때문이 아니요, 걸주의 때에는 천하에 통한 사람이 없었느니라. 그러나 그것은 사람이 지혜가 없던 때문이 아니었으니, 그것은 모두 그 때의 형세가 그러했던 것이니라. 대개 물길을 다닐 때는 교룡을 피하지 않는 것은 사냥꾼의 용기다. 그리고 흰 칼날이 눈앞에 번쩍여도 죽음 보기를 삶과 같이 여기는 것은 열사의 용기다. 그러나 궁한 것도 천명이 있는 줄을 알고 통하는 것도 다 때가 있는 줄을 알아서 큰 어려움에 다다라도 두려워하지 않는 것은 성인의 용기니라. 자리로 돌아가거라. 내 천명은 정해져 있느니라."

이렇게 성인의 용기에 대해서 말하고 있는 공자 앞에 군사를 거느린 무사가 앞으로 나와 사과하며 말했다.

"양호陽虎인 줄 알고 에워쌌더니, 이제 보니 아니었습니다. 사과드리며 물러가겠습니다."

그들이 말하는 양호는 노魯나라 권신으로 일찍이 광땅에서 난폭한 짓을 많이 했기 때문에 그 지방 사람들이 미워했다. 그런데 공자의 얼굴이 양호를 닮았고, 거기에다가 양호의 마부였던 안극이 어쩌다 공자의 마부가 되었기 때문에 공자를 양호로 보고 포위했던 것이다. 그런데 그렇게 다급해진 상황에서도 공자가 제자에게 보여준 모습은 여유자적함으로 달리 생각되었다는 이야기다.

이러한 공자의 고매한 인품에 어느 날 임금이 마주하기를 청하고 물었다.

"어떤 재능을 온전하다고 봅니까?"

이에 공자께서 대답했다.

"죽음과 삶, 가난함과 부유함, 현명함과 어리석음, 비방과 칭찬, 굶주림과 목마름, 추위와 더위들은 모두가 사물의 변화요, 천명의 움직임이라서 밤낮으로 눈앞에서 번갈아 일어나도 아무 지혜로도 그 유래를 헤아릴 수 없습니다. 재능이 온전한 사람은 그런 것들이 마음의 평화를 어지럽히지 못하게 하되, 마음을 흔들어 놓지도 못하게 합니다.

평화롭고 유쾌한 기운이 언제나 떠돌아서 마음의 기쁨을 잃지 않으며, 밤낮으로 쉼 없이 만물과 더불어 몸 기운 같은 화기 속에서 놀게 됩니다. 그런 사람은 어떤 사물과 접촉하여도 시절에 따라 마음의 보화를 산출하는 것이니, 이를 일러 재능이 온전하다고 하는 것입니다."

그러자 임금이 다시 물었다.

"어떤 것을 덕이 드러나지 않는다고 합니까?"

천하에 가장 평평한 것은 완전히 정지해 있는 물의 상태입니다.

그러기에 그것이 모든 것의 표준이 될 수 있습니다. 안으로 본성을 잘 보존하면 밖의 경계에 의해서 요동하지 않게 됩니다. 덕이란 조화를 완성하는 수양입니다. 덕을 밖으로 드러내지 않으면 사물이 그로부터 떠날 수가 없는 것입니다."

뒷날 임금은 공자의 제자에게 이 일을 이야기했다.

"지금까지 나는 임금의 자리에 있으면서 백성을 다스리는 법을 지키고, 그들이 굶주려 죽지나 않을까 걱정해 주는 것으로 스스로 정치를 잘 했다고 생각했다. 이제 공자께서 하신 지인의 이야기를 듣고 나니, 나는 아무런 실다운 덕도 없다는 것을 알았고, 경솔히 행동함으로써 나라를 망칠까 두렵다. 나와 공자는 임금과 신하 사이가 아니라 덕으로 맺은 유일한 벗일 따름이니라."

이렇게 공자는 그 지혜를 생활 속에서 가르치셨던 것으로, 제자들에게 '오도일이관지五道一以貫之'를 말씀했다. 즉 도道란 하나로 관통이 된다는 뜻이었다. 그 의미는 도와 만물이 근본체로부터 나오고 나온 뒤에도 근본체를 머리로 하여 작용하다가 끝에는 그 한 근본체로 돌아간다는 것으로, 하나에서 시작하여 만 가지가 쏟아져 나왔다가 끝에는 하나가 된다는 것이다.

공자께서 말씀하신 만물의 이치가 '물유본말物有本末, 사유종시事有終始'다. 즉 사물은 본本과 말末이 있고, 일에는 시작과 끝이 있다는 것으로, 근본체의 '종자됨' 그 업의 일로 곧 천업天業이 천도天道로써 천기운행天氣運行을 말함이다. 이 천도가 도의 시발점으로 본으로 하고, 도의 끝을 말末로 하여 그 말이 또 시발점의 본本이 된다는 이야기다. 그 원리가 성서가 말하는 시작과 끝 '알파와 오메가'의 하나님 그 우주 창조의 섭리와 같은 개념을 설명해 주는 용어인 것이었다.

그와 같이 '종자됨'의 본체는 그 나무의 결실을 목적하고 그 목적을 향해 오늘도 생멸변화를 하는 무궁한 조화로 그 묘술을 부리고 있다는 것이 공자께서 말씀하신 시종지도始終之道다. 말하자면 도가 전개될 때에 그 목적을 위해 온갖 변화를 보이지만 그 변화에도 한계가 있어 마침내 종료를 하는 것이라고 했다. 이 변화가 오행五行에 의한 육합六合으로 사방과 상하의 만물이 이러한 천도의 섭리, 그 천기운행으로 생멸변화하게 된다는 뜻이다. 결국 도道가 목적하는 그 소득을 얻기 위함으로 이것을 체성복귀體性復歸라고 했다.

이 체성體性이 태초의 조화주 하나님, 그 '우주 씨' 본성으로 자성自性이기 때문에 그 체성을 많이 거둬들임으로 우주가 성숙해지는 것이라고 했다.

그래서 천부는 그 농사의 도를 천업天業으로, 그 천기운행을 하고 계신다는 것이다.

이렇게 근본 시발점에서 펼쳐졌던 도의 기운행이 그 소득체를 얻어 다시 근본점으로 귀향하는 것을 귀일歸一이라고 하는데, 이러한 섭리가 성경 '창세기 1장'에서 '우리가 우리의 형상을 따라 사람을 만들자' 하고 태초 빛의 말씀(Logos)으로 창조했다는 사람, 그들이 다스림의 공중권세를 받은 천상의 신계족으로 지구에 내려와 물체인간 종자씨를 뿌리고 가꾸어 나왔던 자연신들의 존체인 것이었다.

그렇게 공중권세를 부여받고 지구에 물체인간 종자씨를 뿌리고 가꾸어 나오던 시대역사가 성자 출현 이전에 있었던 샤머니즘 시대였다. 그렇기 때문에 그 자연신 밑에서 세상 살아가는 이치만을 배워온 인간 종자씨들의 이성이 눈떠지기 시작할 즈음에 하늘의 본체신이 섭리하신 우주근본의 이치를 가르쳐 주기 위해 그 시대에 맞추어 출현하신 성자들이었음이다.

그 가르침이 시대변화로 공자께서 그 백성들에게 하신 말씀이 피조물 인간 종자를 이 세상에 태어나게 함은 대우주 창조주의 그 결과체 열매를 얻기 위함인 것으로, 그것이 창조주께서 목적하신 성공시대로 공자 성현께서 말씀하신 동일귀체同一貴體의 의미였음이다. 그런 뜻에서 주역의 계사전에는 도道를 아는 자는 신神이 하는 바를 안다고 했으며, 우리 인간은 일신一身, 즉 태초 빛의 말씀으로 공중권세를 부여받고 창조된 자연신(신계족)의 정기精氣로 화생된 분신이라는 사실을 분명히 깨달아야 한다는 것이다.

그렇게 생명의 근원을 깨닫게 되는 믿음이 세상이라는 어둠 속에서 본연의 자성을 키워 나가게 된다는 것이며, 그 정진수행에 있어 게으름으로 그때까지 그 자성을 성숙시키지 못하면 조물주의 '종자씨'가 될 수 없으므로 태워 버린다고 한 것이다.

이것이 도가道家에서 천지가 뒤집히는 '개벽수'라고 한 것이며, 2. 7 화火 성부하나님 도맥으로 유대 땅에 출현하신 성자 예수께서 심판의 그날, 쭉정이는 천부天夫가 불에 쓸어 모아 태운다는 그 불심판의 예언과 동일한 가르침이다.

공자께서는 하늘이 명命으로 준 자성을 길러 나가기 위해서는 바름의 군자의 도道를 행하라고 하셨고, 수행하여 닦는 것을 교敎라고 하였다. 이러한 가르침의 격물치지格物致知 천지사상은 지금으로부터 2500년 전에 시작하여 유교의 학문으로 창시되었다.

공자 성현께서 이 땅에 출현하여 가르치신 격물이란, 본질을 알고 이를 지식의 바탕으로 하여야만 마음이 성의로 가득 차지면서 수신제가修身齊家를 할 수 있으며, 가정과 사회를 소홀히 하지 않고 유익한 선업善業을 쌓을 수가 있다는 이러한 가르침이야말로 편협적인 서양사상을 앞서가는 동양의 우주사상이었다.

그러나 어느 시대나 앞서가는 선구자나 성현들은 고독할 수밖에 없었다. 공자가 하늘처럼 그 기상이 높고 크게 보였던 것은 '거친 것을 먹고 물을 마시고 팔베개를 하고 살아도 즐거움은 그 가운데 있다. 의로움이 없이 돈 많고 벼슬이 높은 것은 나에게는 오직 뜬구름 같다'고 하신 그 마음이 이 세상의 속인들과는 달리 그 마음이 천지의 이치를 알기 때문에 그 기상이 청정하여 높이 보일 수 있었던 것임을 그들은 모르고 있었다.

바로 그것이다. 공자께서 말씀하신 인의예지仁義禮智 그것은 밖에서부터 오는 것이 아니라 조물주로부터 물려받은 자성이기 때문에 구하면 얻게 되고, 깨닫지 못하면 '나'를 잃게 된다는 것으로, 공자께서 말씀하신 격물치지는 동양의 천리天理 주역을 바탕에 깔아놓고 보는 '천지天地 우주' 사상이다. 그처럼 공자는 우주의 원리를 보다 진실하게 이해시켜 주고자 노력해 온 천지의 사상가였다.

공자는 그의 만년에 역학인 주역에 그 책을 얼마나 읽었는지 책을 맨 가죽 끈이 세 번이나 끊어져 나가 '위편삼절韋編三絕'이라는 고사가

태양의 빛 KOREA를 밝히다

전해지기도 했다. 그렇다면 공자께서 그처럼 심취하여 읽으셨다는 주역은 언제 누구로 하여금 비롯되어졌는가 하는 문제다.

우리는 주역하게 되면 중국에서부터 비롯되어진 것으로 잘못 인식하고 있다. 하지만 주역 그것은 놀랍게도 우리 배달한민족 개국조開國祖이신 단군왕검께서 재위 67년 감성관(천문학자) 황보덕으로 하여 조선역서의 시원인 달력을 만들게 한 데서부터 비롯되어진 것으로, 이 역은 삼신일체三神一體, 곧 우주의 무궁조하가 기록되어 있는 천부경天符經 속의 진리를 토대로 삼았다는 것이다.

천부경은 배달민족의 시조이신 환웅천제께서 우주의 모든 원리가 들어있는 천부인天符印 원방각을 토대로 하늘 천신天神 월광사관신지로 하여 글자를 만들어 전해지게 했던 것이다. 그것이 바로 천부경, 삼일신고, 참전계경으로 우주의 만물이 생겨난 모든 원리를 담아 두고 있는 진경이라는 것이었다.

그 진경을 바탕으로 감성관 황보덕은 삼백육십오일 다섯 시간 사십팔 분 오십초를 일년으로 하는 역易을 만들어 내놓게 된 것으로, 이 주역을 공자께서 그처럼 깊이 연구하여 마침내 천지의 비밀을 밝혀내는 동양철학서가 만들어졌던 것인데 후세 사람들은 이 주역이 마치 중국 사람들이 만든 학문인 것처럼 착각하고 있는 것이다.

하지만 공자님의 삶의 발자취를 따라가 보면 그처럼 지고한 성인의 입지에서도 종신토록 쉼 없이 배우고, 또 정진을 계속했음을 읽게 되면서 저절로 고개가 숙여지고 옷깃을 여미게 해 준다.

장자 성현의 불성

성현들의 삶의 족적과 가르침 모두가 그렇듯이 지금으로부터 약 2,400년 전(기원전 4세기) 중국 전국시대 사상가이며 도가道家 사상의 중심이었던 장자(BC 369~286) 성현의 삶의 족적과 그 행보를 따라가 보면 그 가르침 역시도 마찬가지였다.

장자 성현은 공자님이 돌아가신 지 100년 뒤인 춘추시대를 지나 맹자와 같은 동시대에 강대국 틈에 낀 작은 송나라에서 비천하게 태어난 인물로 이름은 주周라고 했다.

더 없이 비천한 환경여건 속에서 성장하면서 나라 소유의 작고 초라한 옻나무 농장관리인 노릇을 하면서 가난하게 살았다. 그러나 보통사람과는 달리 자세가 더 없이 고매하고 생각하는 가슴의 폭이 넓고 커서 옛 중국 사람으로는 드물게 본다는 인물로 초인이라는 평가를 받기도 했다는 것이다.

당시는 천하를 지배하던 주나라의 위세가 쇠퇴해 가던 때였다. 이웃나라끼리 서로 전쟁을 일삼았던 그런 상황 분위기에 백성들은 끊임없는 갈등으로 격동하던 살벌한 시대였다. 그래서 제법 먹물이라도 먹었다는 식자들은 군주의 마음을 현혹케 해서 높은 벼슬을 얻고자 서로를 경쟁하고 질시하며 음모를 꾸미는 데 여념이 없었다.

그러한 분위기 속에서 세습적인 귀족들은 더 많은 부와 권력을 얻기 위해 궁핍해져 있는 백성들의 사정은 아랑곳하지 않은 채 착취에 혈안이 되어 있었다. 더 없이 강퍅해진 민심은 서로를 감시 경계하고 질시하는 그야말로 약자와 강자의 먹이사슬시대로서 장자 성현이 태어나 살았던 전국시대의 특징이었다.

그와 같은 환경 분위기에 환멸을 느낀 장자는 그의 가슴 속 독백을 다음과 같이 토하기도 했다.

"사람이 태어나 살아가는 게 겨우 이따위란 말인가? 서로 미워하고, 질투하며 또 경쟁하면서 불안과 그 수고하는 대가가 고작 이런 것이란 말인가?"

그와 같이 장자는 한 생의 삶에만 시선을 두고 사는 당시의 백성들의 삶에 깊은 회의를 느꼈던 것이다.

인간을 그처럼 피폐하게 만드는 것이 인간의 이기적인 욕망, 그 때문임을 깊이 자각하게 된 장자였다. 그로부터 혼란 속에 궁핍하게 비틀거리며 살아가는 없는 자, 천한 자, 전쟁으로 불구가 된 자, 그들의 더러운 모든 것, 그리고 그들의 가난과 함께 하면서 만들어낸 것이 그처럼 많은 인물들을 등장시켜 그들의 입을 빌어 천지의 이치와 인간 삶의 정체가 무엇인가, 하는 이야기 저서를 꾸며 걸출한 예술가의 면모를 보여주기도 했다.

그러한 장자의 이야기 속에는 가공인물의 입을 빌어 깨닫지 못하고 시비에 얽매어 집착과 편견에 살아가는 인간 삶에 대해 많은 이야기들을 우화적으로 남기면서 자연으로 귀의할 것을 주창하고 있다. 그것이 바로 장자의 제물론 사상으로, 시야를 광대하게 가지면 옳고 그름도, 귀하고 천함도, 크고 작음도 없이 만물은 평등하다는 것이었다.

이러한 장자의 사상은 천하를 다스림도 실상은 인생살이를 포함한 만물을 기르는 대자연의 다스림, 그 섭리에서 보면 아주 하찮은 일에 불과한 것이라고 말했다. 그러므로 한갓 헛된 인간의 공적에 현혹되어 서로 경쟁하여 다투지 말고, 그보다 더 큰 세계, 즉 무한한 자연의 능력 앞에 겸손하고 자연에 순응하며 하나가 될 것을 말하고 있다.

이처럼 장자 성현이 말한 도道란 자연히 그렇게 되어가는 것, 이것이 자연지도自然之道로, 도道는 만물에 내재하며 온갖 형상을 만들어내는 실재이기도 하고, 또 처음과 끝을 관통하고 있는 영원한 존재로 도라는 것이 있다면서, 그것에 대해서 다음과 같이 말했다.

"도道란 유정有情 유신有信이니 실재하는 감정과 심증이 있으면서 무유무형無有無形이라. 체득할 수는 있어도 눈으로 볼 수는 없고, 손으로 잡을 수가 없는 것이다. 그것은 자기 자신 속에 존재의 근거를 갖고 있기 때문이며, 아무것도 의존하지 않으면서 그 자체가 근원적인 존재이며 천지개벽 이전부터 존재한 것이다."

그와 같이 도道를 주제로 하고 있는 장자 성현의 유정유신의 학설은 스스로 있는 자, 즉 자존자로 도를 깨달으면 영원불멸하는 신적神的인 존재가 된다는 것이었다.

그러한 장자의 이야기 부분 중에서 또한 중요한 대목이 바로 그 지구이변의 천지개벽이다. 현생인류가 지구에 존재하기 그 이전에도 있어 왔었음을 세계 과학자들이 고증하듯이 그렇게 거론하고 있다는 점이다.

그 주제의 부분을 놓고 생명의 본질이라는 우주 기원의 문제를 오늘 서양 기독교 성서학자들은 인종의 시조와 생명체의 기원을 '창세기 2장'을 바탕으로 그 시간대를 6천 년으로 보고 거기에 맞추고 있다. 그처럼 종교논리적인 해석과 서양 과학자들과의 사이에 합일점을 이루지 못하고 있는 것이 바로 그 문제점이다.

그런데 장자께서 그처럼 제물론 사상을 논하면서 이 세대 이전에도 천지개벽이 있었음을 말하고 있는 것이고 보면 역시 평범한 인간과는 다른 초인간적인 성현의 그 입지적 면모를 그렇게 보여주고 있었다는 점이다. 사실 오늘의 지구촌 현생 인류가 감히 상상할 수조차도 없는 그 천지개벽에 관한 문제를 놓고 유추해 볼 수 있게 해 주는 계시적 암시가 놀랍게도 성서 '요한 계시록 8장'이다.

그 기록에서 천지창조 하나님의 성공시대를 향한 천지공사가 7단계로 그동안 여섯 번에 걸쳐 있어 왔고, 이제 그 마지막 단계로 돌입해 들어가고 있음을 특히 고등종교 스승 예수께서 설한 "이 세대가 다 지나기 전에 하나님의 뜻이 땅에서 이루어지리라"고 한 그 말씀을 참고해 보더라도 장자께서도 역시 이 세대 앞전에 지구 천지개벽이 있어 왔음을 그렇게 논했다는 사실이 놀라울 수밖에 없는 일이다.

그처럼 궁핍한 환경 속에 모습을 나타낸 장자께서는 만물이 인간에게 도道를 가르치고 있다면서 하셨다는 그 말씀이다.

"나보다 먼저 나서 도를 듣기를 나보다 먼저라면 내 너를 스승으로 좇을 것이며, 나보다 뒤에 태어나 도를 듣기를 나보다 먼저라면 내 너를 스승으로 좇을 것이다. 도를 스승으로 하는 데 나보다 선후에 난 것을 가릴 것이 있겠는가. 이런 까닭으로 귀함도 없고, 천함도 없고,

아이도 없으니 도가 있는 곳이 곧 스승이 있는 곳이다."

그 말씀인즉, 도를 알아야 깨달을 수가 있고, 깨달음이 있어야 행할
수가 있다는 뜻이다. 그처럼 세상의 크고 작은 것, 곱고 미운 것, 착하
고 악한 것, 옳고 그른 것, 서로 대립되는 가치관념에 대하여 사람들
은 어느 한 쪽을 좋다 하고, 다른 쪽을 나쁘다고 말하지만 그와 같은
차별 관념을 부인하고 우주자연의 법칙 앞에서 전혀 무가치하며, 온
갖 사물이 한결 같다는 것이 장자께서 전개하신 만물제동萬物制動의 이
론으로 다음과 같다.

"내 몸이 내 몸이 아니라, 천지의 위형이고, 생이 또한 내가 하는 것
이 아니라 이것은 천지의 위화이다. 생명 또한 내 것이 아니라 천지의
위화이고, 자손 또한 내 것이 아니라 천지의 허물 벗음이라. 어디에
그대의 것이 따로 있겠는가? 그대의 삶이 하늘과 함께하는 한 그대는
다만 순리대로 그대의 삶을 운반하면 그만이다. 거슬리지 말라, 그대
가 참으로 인간인 한 하늘은 결코 그대를 버리지 않는다."

그리고 이어서 인간들이 무지無智하여 천지의 이치를 알지 못한다
고 다음과 같이 설파하셨다.

"사람들은 사람이 연주하는 음악소리는 들어도 땅이 연주하는 음
악은 듣지 못한다. 설사 들었다 해도 진정 하늘이 연주하는 음악은 아
마 듣지 못했을 것이다. 듣거라! 저 대지가 내뿜는 숨을 바람이라고
부르나니 지상의 모든 구멍이 함께 울부짖은 것이다. 바람을 맞는 천
지만상이 때로는 성내어 울부짖고 때로는 꾸짖듯이 화를 내고, 때로
는 그윽하게, 때로는 우우하고 정들어오며, 때로는 와! 와! 하고 얼싸
안으니 이 모든 바람이 하나이로되, 나타나는 형상은 희비애로 광기,
순풍, 여러 모양으로 나타내느니라. 그러나 조용히 들어보라. 그 자체

는 아무 소리도 없고, 또 그 형체도 없느니라."

이렇게 인간이 자연에서 벗어날 때 스스로의 파멸을 자초하는 것이라며, 결국 자연으로 태어난 인간이 자연으로 돌아가야 하는 것임을 가르쳐 온 장자께서 그의 아내가 죽었을 때에 혜자가 문상을 왔다. 그때 장자는 두 다리를 뻗고 앉아서 발장구를 치면서 노래를 부르고 있었다. 너무나 어처구니가 없는 그와 같은 모습에 혜자가 기가 막힌다는 듯이 물었다.

"그대와 함께 늙었는데 자네는 그런 부인이 죽었는데 울지 않는 것이야 그럴 수도 있다지만 발장구를 치며 노래하는 것은 너무 심하지 않은가?"

이에 장자가 대답했다는 말이다.

"그렇지 않다네. 처음 아내가 죽었을 때 난들 어찌 슬프고 놀랍지 않았겠는가. 그러나 아내의 근원을 곰곰이 생각해 보니 원래는 생명이 없었다는 것을 알게 되었네. 생명이 없었을 뿐만 아니라 육체도 없었네. 아니 단순히 육체가 없었을 뿐 아니라, 육체를 형성하는 음양의 두 기운조차 없었던 것이 사실일세. 모든 것이 혼돈 속에 뒤섞여 있는 중에 변화가 일어나서 기가 생겼고, 그 기가 형체를 이루었고, 다시 이 형체가 변화해서 생명이 생긴 것일세. 그런데 지금은 다시 또 변화가 되풀이 되어서 죽음으로 돌아간 것뿐일세. 이것은 춘하추동 사시가 순환하는 것과 다를 바가 없네. 지금 아내는 천지라는 커다란 방안에서 편히 잠들려고 하고 있는데 내가 시끄럽게 붙들고 운다면 내 스스로가 천명을 모르고 있는 것처럼 생각되기 때문에 나는 울기를 그만 둔 것이네."

그 말을 듣고 있던 혜자는 장자가 말하는 그 무無라는 무형의 형태를 바라보다가 그대로 아무 위로도 하지 못하고 돌아갔다. 그러다 얼마 후 장자를 만난 혜자가 그 일을 상기시키며 말했다.

"그대의 말은 너무 고답적이어서 현실적으로 아무 쓸모가 없네."

혜자는 장자의 친구로 논리학자였다. 그의 논리적인 말에 장자가 대답했다.

"아무런 쓸모없는 것이 지니는 그 의미를 깨달아야만 비로소 무엇이 쓸모가 있는가를 이야기할 수가 있네. 땅은 넓고 크다지만 사람에게 소용되는 것은 발이 놓여 있는 이 얼마 안 되는 땅뙈기가 아닌가. 그렇다고 발의 크기만큼 남기고 나머지는 땅 속까지 파헤쳐 버린다면 그래도 그 땅은 사람에게 과연 쓸모가 있겠는가?"

"그래서는 아무 쓸모가 없겠지."

혜자의 대답에 장자가 다시 말했다.

"그렇다면 아무런 쓸모가 없는 것이 사실은 우리에게 긴요하다는 것을 확실하게 하고 있지 않는가."

주고받은 이야기가 바로 그것이었다. 우리 앞에 보이지 않는 영혼의 세계, 그리고 눈에 보이지 않기 때문에 버려진 양심, 그처럼 잊고 사는 것들이 가장 소중한 것임을 말해 주고 있었다.

하루는 동곽자라는 사람이 장자를 찾아와서 물었다.

"자네가 말한 소위 도란 것이 어디에 있는가?"

"어디에든지 있네."

"좀 더 확실하게 설명해 주게."

"도로에도 있고, 저 개미에게도 있다네."

"어떻게 그런 천한 곳에 있단 말인가?"

"기와나 벽돌에도 있네. 그것뿐이 아니네. 똥오줌에도 있네. 인간이 행해야 할 도를 인도라고 하듯이 말일세. 핫하!"

　동곽자는 그만 기분이 상했는지 아무런 대꾸도 하지 않았다.

　그것을 본 장자가 다시 말했다.

　"자네의 질문은 처음부터 본질에서 벗어나 있었네. 들어보게나, 한 번은 시장을 관할하는 벼슬아치가 시장관리인에게 돼지를 밟아보고 그 살찐 정도를 조사하는 방법에 대해서 물었다네. 그랬더니 살이 잘 찌지 않게 마련인 하체로 내려갈수록 전체의 살찐 모양을 잘 알 수 있는 것처럼 생각해서는 안 되네. 무엇이든 도에서 떠나 존재하는 것이 란 없기 때문이라네."

　그리고 그 도道에 대한 주제를 들고 다시 말했다.

　"시험 삼아 무하유의 궁궐 일체의 존재를 부정한 무의 세계에서 만물이 됨을 논하면서 다함없는 무위의 도를 즐겨 보지 않겠나. 또 시험 삼아 우리 함께 무위의 입장에서 보지 않겠는가? 그렇게 하면 마음의 작용은 고요해지고 가려 하지 않아도 저절로 무한으로 나아가 무심하게 오고가서 그칠 줄을 모르게 될 것이네. 이리하여 마음대로 왕래하여 끝날 줄을 모르며 무한한 공간 속을 자유하게 되고 큰 예지가 생겨 막힌 일이 없게 될 것이네."

　그렇게 도에 대해서 전개를 하는 장자의 명성을 듣고 어느 날 종주국인 주나라의 위왕이 어사에게 천금의 선물을 보내어 재상으로 초빙하겠다는 전갈을 보내왔다. 그때 그 사람에게 했다는 말이 장자의 삶을 대변해 주면서 후세에 귀감으로 남게 된 것이었다.

　"어사여, 제물로 끌려가는 소를 본 적이 있소? 아름답게 수놓은 옷을 입고 맛있는 풀과 콩을 먹고도 남을 만큼 주는 등 대우가 극진하겠지만 막상 끌려가서 제사상으로 올라갈 때가 되면 차라리 보통 소로 있었더라면 이런 봉변을 당하지 않았을 것을 한들 그때 그것이 무슨 소용이 있겠소"

그리고 웃으면서 말했다.

"천금이라면 대금이요, 재상이라면 고관중의 고관이니 갖고 싶은 사람, 하고 싶은 사람이 어디 하나 둘이겠소. 어사여, 어서 돌아가시오. 그대의 눈을 보니 내가 시궁창에서 뒹구는 것이 더 유쾌하오. 무엇 때문에 내가 속박을 당할까, 죽을 때까지 시골구석에서 한평생 살려 하오."

그야말로 남들이 눈에 불을 켜는 왕사나 입신출세를 마치 헌 신짝 버리듯이 한 장자께서는 인생의 태반을 은둔생활만 하면서 친구인 혜자와 함께 이야기를 나누면서 그가 있는 위나라를 다녀오는 것이 유일한 즐거움이었다고 한다.

청빈한 만큼 궁핍을 면하지 못했던 생활은 그만큼 삶과 죽음에 관한 문제의 해답을 이미 얻어 초탈의 경지에 들어가 있는 성인이었다. 그처럼 청빈한 생활을 해 오던 장자가 마침내 세상을 떠나게 되었을 때였다.

제자들은 스승의 장례를 성대하게 치르려고 했다. 그런데 죽음 직전에 그 분위기를 느낀 장자가 그들을 보고 했다는 말이다.

"나는 하늘과 땅으로 나의 관을 삼고, 해와 달로 한 쌍의 구슬을 삼으며, 별들로 많은 치레 구슬을 삼고, 만물로 제물을 삼겠다. 나를 장사 지낼 기구 중에 어느 것이 모자라겠는가."

스승의 그 말에 제자들이 말했다.

"저희들은 까마귀나 독수리들이 선생님의 시신을 먹을까 그것이 두렵습니다."

그러자 다시 말했다.

"땅 위에 있으면 까마귀나 솔개의 밥이 되고, 땅 밑에 있으면 땅벌레나 개미의 밥이 될 것이다. 모처럼 까마귀와 솔개가 먹게 되어 있는 것을 빼앗아 땅벌레에게 주는 것도 불공평한 처사가 아니겠는가?"

이렇게 인간 육신의 존재가치에 대해 전혀 그 의미를 부여하지 않는 것이 하나같이 근본원리를 바탕으로 삼은 조물주 진성을 이룬 성자들의 한결 같은 삶의 모습 그것이었다.

그와 같이 세상을 초탈한 장자 성현의 가르침, 그 저서에서 천지합일天地合一의 제물론 사상의 이치를 다음과 같이 분명히 밝혀주고 있다.

"그대의 몸은 천지에 딸린 형태일 뿐이다. 그리고 생명도 그대의 것이 아니다. 천지에 부수해서 음양의 두 기운이 화합함으로써 생긴 것에 지나지 않는다. 또한 그대의 본성도 그대의 것이 아니라 천지에 부수해서 차례차례 생겨났다가 스러져가는 껍질 같은 것이다. 그렇기 때문에 사람들은 인생을 살아가면서 자신이 어디로 가는지를 모르고 있는 것이다. 이 세상에서 살면서도 언제까지 그것이 지속되는지를 모르며 음식을 먹으면서도 그 맛이 어디서 오는지를 모른다. 이런 것들을 움직이는 것은 그대가 아니라 천지의 운동근원이 되는 생기 그 자체이다. 그런데도 무엇을 자기 것으로 소유한단 말인가."

이것이 아시아 중원에 출현한 장자 성현의 만물근본의 불씨, 그 가르침의 사상으로 세상을 아지랑이처럼, 혹은 포말처럼 보라는 그 가르침이었다.

아랍에 떨어진 마호메트의 불성

우리가 말하는 세계 칠대 성현들, 그 삶의 족적을 따라가 보게 되면 그 행보에서 거의 유사한 점을 발견하게 해 준다는 점이다.

이슬람교의 창시자 마호메트(Mahomet, AD 570~632)는 6세기 말엽, 아라비아의 심장부인 메카에서 태어났다. 아랍어로 '무하마드' 라고 불리기도 했다.

세계 칠대 성현들의 출생은 거의 모두가 활달자재豁達自在하는 성령으로 잉태되었음을 마호메트의 출생에서도 역시 보여주고 있다. 그의 생모인 '아미나가 다마스' 는 대낮같이 밝히는 불빛의 인도로 마호메트를 잉태했다고 전해지고 있다. 그만큼 그가 태어난 때를 정확히 아는 사람이 없는 것으로 심지어는 그의 친 할아버지조차도 단지 그가 코끼리 해에 태어난 것만큼은 분명하다고 할 정도였다.

그것은 그 해에 예멘 땅 아비시아나 공화국의 부왕이 군대를 이끌고 메카에 원정을 왔던 해로 학자들은 이 코끼리 해를 570년이나 671년으로 추정하고 있다.

마호메트의 탄생을 둘러싼 일화들은 성자 예수나 마찬가지로 너무나 많다. 그의 탄생 당시에 천사들이 카바를 둘러쓰고 있다가 우주의 궁행을 염탐하는 신들에게 돌을 던져 접근을 막았다고 하기도 하고, 또는 마호메트가 태어났을 때는 그 탯줄을 끊을 필요도 없이 깨끗이 끊어져 나왔다는 설도 있다.

그런가 하면 야스리브 오아시스(메디나) 하늘에 찬란한 별이 떠서 그곳의 유대인들에게 하늘이 큰 사명이 있을 사람, 성현의 탄생을 예고했다는 것이며, 조로아스터를 경배하는 페르시아 마술사들은 신전에서 1000년 전부터 타오르던 성화의 불길이 꺼지는 것을 보았다고 말하기도 했다는 것이다.

그 당시 사막의 종족들은 지나칠 정도로 세속적인 기복신앙에 얽매여 자연신들을 섬겨오고 있었다. 그처럼 당시 사막인들이 섬겨오던 자연신들의 수는 거의 360이 더 된다고 했다. 그 작은 신들을 섬기는 신전에 천 년 전부터 타오르던 성화가 마호메트의 탄생과 함께 그 불길이 꺼지는 것을 보았다는 것인데 그것은 과연 무엇을 의미하는 것이었을까? 하는 것을 생각해 보게 해 준다.

그와 유사한 형태가 유대 땅에 성자 예수 탄생으로 그처럼 막강한 능력을 행사하던 유대민족 창조수호신 야훼(여호와)신의 언약궤가 그 능력을 행사하지 못하고 다만 구약의 내용 속에 이야기로만 남아 전리품이 되어버렸던 것과 같이 마찬가지의 형국이기 때문이다.

마호메트의 불씨, 그 성자 출현으로 천년을 타오르던 그 아랍신전의 불이 꺼졌다는 것은 성자 출현 이전 천지창조 하나님의 종복從僕들이 지구에 내려와 그 맡은 바 소명의 역사를 각기 이루던 다신숭배시대多神崇拜時代가 천지부모 하나님 빛의 아들 성자 출현으로 마감된다는 그 시대변화를 그렇게 나타내 보여준 것이었음이다.

아라비아인의 원뿌리는 아브라함의 계집종 하갈의 몸에서 태어난 아들, 이스마엘의 후손들이다. 계집종 하갈은 에굽(이집트) 여인이었다. 아브라함의 본처보다도 먼저 아이를 낳았다는 자만심에 거들먹거리다가 본처로부터 그의 아들 이스마엘과 함께 쫓겨나 통곡을 하고 있을 그때 야훼신이 그 앞에 나타나 하갈에게 했다는 말이다.

"울지 마라, 그 씨도 아브라함의 자손이므로 창대해지리라."

이렇게 유대민족 이스라엘 백성과 그 조상의 뿌리를 같이하고 있다는 그 상징성을 마호메트 발에 새겨진 족문族文으로 하여 나타내 보여주고 있었다는 점이다. 그 이유를 다시 또 생각해 보게 해 준다. 이스라엘에서 본처로부터 쫓겨난 계집종 하갈의 자손 이스마엘 가계혈통으로 성자 마호메트를 출현케 했음은 '창세기 1장'에서 태초의 빛으로 천지창조를 하신 성부하나님의 뜻에 따라 다스림의 공중권세를 부여 받고 창조되어진 천상의 사람, 그 신계족에 속한 야훼신이 지구에 내려와 창조한 물체인간들은 본질상 하나님의 창조물이 아니기 때문에 하늘나라 영혼생명의 상속권이 없음을 그렇게 그 혈통계보를 통해 비유적으로 나타내주고자 하는 상징성이라고 할 수 있다.

말하자면 천지창조 하나님의 종복從僕, 그 야훼신의 창조물 역시도 대우주적인 하나님의 한 틀 속에서 운행되고 있는 그 창조물이기 때문에 때가 이르면 구원의 빛을 그 텃밭에 보내시어 일체관계를 이루어 하늘나라 상속권의 영혼생명을 얻게 해 주실 것이라는 그 약속의 상징성을 성자 마호메트 출생에서 그처럼 나타내 보여주고 있었음이다.

그와 같은 비유가 성자 예수께서 주인이 농사짓는 비유를 들어가며 하신 말씀으로, 그 시대 구별을 하라고 하셨던 의미로 하나님의 종복들이 지구에 내려와 그 텃밭을 일구고 열심히 가꾸어오던 하나님 종從의 역사시대가 성자 출현으로 드디어 마감된다는 의미를 내포하고 있는 것이었다.

그러한 시대변화의 관계성에서 성자 마호메트가 아라비아 메카에서 탄생하는 그때 하늘에서 이상한 조짐을 보였다는 것이나 시대와 나라를 달리하고 출현하셨던 성현들의 출생을 둘러싼 그 이야기와 다를 것이 없는 형태인 것이다.

마호메트는 유대 땅에 출현한 성자 예수처럼 사생아가 아닌 유복자로 태어났다고 했다. 과부가 된 그의 생모에게 남겨진 것은 여종 하나와 낙타 다섯 마리, 그리고 몇 마리의 양과 갓 태어난 마호메트가 전부였다.

그런 분위기에 그 어머니는 강대한 하심파의 수장이자 시아버지인 아브드 알 무탈리아에게 도움을 청하게 되면서 성소 근처에 있는 할아버지 집에서 어머니와 함께 살게 되었다. 그러나 그것도 잠시 마호메트는 어머니와 헤어지게 된다. 메카 출신의 다른 명문가의 아들과 마찬가지로 마호메트 역시 사막의 유목인 가운데서 찾은 유모를 따라 사막 한가운데로 보내진 것이기 때문이다. 거기에는 그 사회 구조적인 이유가 있었다. 같은 유모 밑에서 자란 젖먹이 때의 친구는 피를 나눈 형제와 다름이 없는 애정을 갖게 된다는 것 때문이다.

그런데 사막 한가운데로 보내지는 것은 거기에는 공기가 맑다는 이유도 있었지만 야성적인 사막생활로 아이를 어려서부터 강인한 정신력으로 길러내기 위함 때문이었다. 그래서 세계 속에 그 강인한 정신력을 오늘도 꿋꿋하게 보여주고 있는 아랍인들이다. 베두인의 가난한 여인들은 명문가의 젖먹이 아이들을 찾아 메카로 내려왔다. 그것이 그들에겐 생계 수단이긴 하지만 한편으로는 명문가의 대를 이을 소중한 아이와 관계를 맺어 미래를 준비할 수 있다는 계산도 들어있는 것이었다.

그런 분위기에 마호메트 역시 명문가의 자손이라고는 하지만 아버지가 없는 데다가 가난하다는 이유로 유모가 될 여자들이 기피했다. 마호메트의 유모가 될 '알리마리라'는 젖이 잘 나오지 않는 여자였다. 그래서 젖먹이 아이를 찾지 못하고 있는 알리마리라는 남편과 의논한 끝에 겨우 마호메트를 받아들이게 되었다. 그런데 젖을 물리는 순간 그 젖줄이 어떤 유모보다 풍성하게 흘러 주위를 놀라게 했다는 이야기가 전해지고 있다.

유모 알리마리라는 마호메트를 타이프 인근의 산악지대로 데려가 여섯 살 때까지 키웠다. 그리고 다시 돌아온 마호메트는 어머니와 야스리브로 가게 되었는데 그렇게 초라할 수가 없었다. 여종 하나와 낙타 다섯 마리가 전부였다.

어린 여섯살박이 마호메트에게는 모든 것이 신기했다. 먹을 것이 많았고, 나무와 풀과, 미역을 감을 수 있는 호수 비슷한 것도 있었기 때문이다. 그러나 마호메트에게 그 즐거움은 길지가 않았다. 얼마 되지 않아 그 어머니가 세상을 떠났기 때문이다.

그렇게 고아가 된 마호메트를 여종이 할아버지에게 데려가 주었다. 그러나 그 할아버지 아브드 알 무탈리브는 팔십 고개를 넘어선 허약한 노인이었다. 연약한 손자와 허약한 할아버지와의 애정은 깊어질 수밖에 없었다. 그러나 그 애정도 오래가지 못했다. 그 할아버지가 곧 세상을 떠났기 때문이다.

이제 여덟 살 마호메트에게 직계란 더 이상 존재하지 않았다. 그를 돌보아 줄 사람은 친척 밖에 없었다. 그를 받아들인 사람은 '아브드 알 무탈리브'의 대를 이어 수장이 된 숙부였다. 마호메트의 후견인이 된 숙부는 선량하고 용감한 상인이었다. 하지만 딸린 식구가 많아 생활 형편이 그렇게 넉넉한 편이 못되었다.

그 숙부는 사막을 횡단하는 길에 조카 마호메트를 곧잘 데려가곤 했는데, 어느 날 보스라라는 곳을 지나게 되었다. 보스라는 거대한 성전이 세워진 문명의 중심지였다. 543년에 유스티니아누스 황제의 부인 데오도라의 지시에 따라 이미 대주교가 배출되기도 했던 곳이었다.

일행이 이곳을 지나게 되면서 '바히라'라는 선인의 수도처로 삼은 곳 어귀에 머물게 되었을 때였다. 수도승들이 좀처럼 밖으로 나오는 일이 없었는데 그 바히라가 처소 밖으로 나와 일행에게 먼저 말 붙임을 해 왔다. 자기 처소에서 함께 식사를 하자는 청이었다.

그는 전날 밤 한 무리의 낙타 행렬이 다가오는가 싶더니 낙타 몰이꾼 하나의 머리에서 서광이 빛나고 그 위를 구름이 감싸고 있는 꿈을 꾼 것인데, 그 꿈이 하늘의 그 어떤 계시라고 생각했던 것이다.

그 바히라가 마호메트를 처음 보았을 때, 꿈에 보았던 그 낙타지기가 분명했다. 그래서 다가서면서 말했다.

"너는 정말 신이 보낸 자로구나. 성경이 예언한 그 사람이로다."

그 말을 하고 난 그는 떠날 채비를 서두르고 있는 마호메트 숙부에게 다시 말했다.

"네 나라로 돌아가거든 그를 각별히 잘 돌보되, 특별히 유대인을 조심하라. 내가 그에게서 보았던 것을 저들이 본다면 필시 악행을 행하리라."

그 수도승 선인의 말은 적중했다. 그러나 마호메트에게 악행을 행사할 이들은 아브라함의 본처 소생 유대인이 아니라, 본처로부터 쫓겨난 계집종 하갈의 소생으로 자신의 종족이었다. 그러나 마호메트는 아직 숙부의 아들 사촌과 어울려 장난이나 즐기며, 오즈카 장터에나 구경나가는 것을 즐기는 어린 아이에 불과했다.

오즈카 마을의 장터는 메카에서 불과 수 킬로미터 밖에 떨어지지 않은 곳에 있었다. 이 마을장은 아라비아 전역에서 제일 유명한 장이었다. 거기에는 아라비아 최고의 귀인에게 팔기 위한 예멘공화국의 왕이 보낸 보검이나 순종 명마 따위가 그 새로운 주인의 흥정을 기다리고 있었다.

사람들은 다투어 그 곳에 올라가 자신이 누구인가를 떠들었는데, 자신이 왜 '아라비아 최고의 귀인인가' 하는 것을 시로써 이야기하는 것이었다. 그래서 일족 가운데 가장 유리한 시구를 읊는 시인이 있는 일족에게 더 많은 승산이 주어지는 것이었다.

여기에 심판은 대중들이 맡아하게 된다. 그래서 오즈카 장은 물건만 사기 위한 시장만은 아니었다. 아라비아 전역의 시인들이 그 재주를 겨누는 일대 경연장이기도 했다. 이 경연장에서 최고의 점수를 얻은 사람에게는 그에 합당한 대가가 지불되어졌다. '카시다라' 는 검은 비단 천에 황금실로 그 시와 그 시인의 이름을 수놓은 휘장을 성소 가운데 일 년 동안을 걸어둠으로써 모든 사람들의 이목에 오르내리게 되는 영광을 얻게 되는 것으로, 이렇게 선택된 시들을 '걸려시' 라고 했다.

이 경연장의 구경에서 마호메트는 언어言語가 황금보다 더 소중하다는 것을 알게 되면서, 이후 마호메트의 시성에 커다란 영향을 주게 된다. 물론 운명적으로 가난을 타고났던 마호메트는 결혼을 생각할 여유가 없었기 때문에 오랫동안 독신생활을 해 오면서 그 고독한 영혼의 가슴을 시로써 다음과 같이 노래하기도 했다.

마호메트의 독백

이 영혼을 가로지르는 것을 너희들과 나눌 수가 없구나.
내 감정의 전부를 너희로 하여금 느낄 수 있게 하지 못하니.
화염의 기도에 누가, 누가 귀를 기울이랴?
간구하는 이 눈동자에 누가 시선을 주랴?

보라! 별이 솟아 반짝이니 영롱하게 웃는구나.
나로 하여 주가 되게 하고, 알라가 되게 하라! 나에게 손짓하라!
더 머물 것인 즉, 가지 마라. 아니 너의 시선이 나를 피하다니?
한탄스럽구나. 그토록 사랑하는 그가, 그가 숨다니!
달이여, 너를 축원하노라. 별들의 왕이여.
나로 하여금 귀부인이 되게 하고 여신이 되게 하라.
너에게 이르는 지름길이 있으니,
이 어둠 속에 나를 홀로 있게 하지 마라.

방황하는 신민 속에 나마저도 방황케 하지 말지어다.
뜨거운 태양아, 뜨겁게 달구어진 가슴이 너에게 가나니
나로 하여금 주가 되게 하고 알라가 되게 하라!
눈을 크게 뜨고 나를 인도하라.
영광의 그대, 이제 너마저도 멀리 하강하려 하느냐?
여기 깊은 밤의 한 자락을 붙잡고 내가 있으니,
사랑으로 충만한 가슴으로 일어나 여기 너를 창조한 이를 보라!
나로 하여금 주가 되게 하고 알라가 되게 하라!
모든 것에 사랑으로!
태양과 달과 별과 하늘과 땅이, 그리고 내가
어디서 만들어져 어디서 오는 거냐?

    이러한 마호메트의 시들은 이후 시단에서 높이 평가되기도 했다. 이처럼 이 세상에 출현했던 모든 성자들이 그렇듯이 마호메트 역시도 의지할 곳 없는 고독한 생활이었다. 그러나 그가 그 맑은 영혼의 이야기를 시로써 남길 수 있었던 것은 어린 시절에 오즈카 마을 장터에서 언어가 황금보다 더 중요하다는 것을 깨우쳤던 그 환경적인 영향을 입은 때문이기도 했을 것이다.
    성자 마호메트는 사촌 '움 하니'와 결혼하고 싶어 '아브 탈리브'에게 허락을 청했다가 보기 좋게 거절을 당했다. 베두인 사회에서 가장 이상적인 결혼은 사촌과의 결혼이다. 그래서 '움 하니'와 결혼하고 싶어 했던 마호메트였다. 그 청혼에서 독배를 마신 마호메트에게 그를 눈여겨보고 있는 여인이 있었다.
    코발리드의 딸 '하디자'였다. 그녀는 이미 두 번이나 결혼을 했던 전력이 있었다. 그런 그녀는 가진 재산이 많았고, 혼자서 사업을 이끌어 나가고 있었다. 그녀가 이끄는 대상은 메카에서는 가장 커 메카에서는 제일로 손꼽고 있었다. 그런 그녀가 대상 행렬의 우두머리로 마호메트를 세웠다. 그녀는 이미 마음 속에 마호메트를 담아 두고 있었기 때문이다.

하지만 그들의 결혼은 그렇게 쉽게 이루어질 수만은 없었다. 그녀의 나이는 그때 벌써 사십 고개를 바라보고 있었고, 마호메트는 이제 스물다섯이었기 때문이다. 마호메트의 씨족들은 이 결혼에 결사적으로 반대를 했다. 돌아서 생각해 보는 마호메트 역시 그 부유한 여인이 왜 가난한 자기와 결혼을 하려는지 얼른 이해가 되지 않았다. 속세적으로는 그만큼 물정이 어두운 마호메트였다.

그처럼 미온적인 마호메트의 태도에 하디자는 드디어 중간에 '나파사 빈트 모니야'를 내세워 그를 설득해 보도록 했다. 그가 마호메트에게 가서 말했다.

"도대체 무엇이 걱정이 돼서 그렇게 미온적인가?"

그러자 가진 것이라고는 아무것도 없는 마호메트가 말했다.

"결혼을 한다고 해도 식을 올릴 돈이 있어야지……."

이 대답을 들은 그가 말했다.

"한 사람이 두 사람 분을 다 가지고 있다면 어쩔 거야. 그래서 자네에게 미모와 재산과 명예와 또 안락함을 모두 선사하겠다면 말이야. 그래도 싫다고 할 텐가?"

그러자 마호메트가 말했다.

"도대체 어떤 여자가 그러겠어?"

"하디자가 그러던데."

"그럼 나는 어떻게 하면 되는 거지?"

"내가 다 알아서 하도록 할 테니 두고만 봐."

그러나 순진하기 이를 데 없는 마호메트가 말했다.

"그래도 나도 무언가 해야 되겠지…."

이렇게 해서 하디자의 청혼을 받아들인 마호메트는 드디어 결혼과 동시에 다른 사람을 섬겨 자신의 호구책을 마련해 오던 가난한 생활을 청산하게 되었다. 그로부터 경건한 청년들과 교분을 갖게 되면서 새로운 변신을 가져오게 되었다. 이제까지 받아오던 물질적인 고통 같은 것은 더 이상 고민하지 않게 되었다.

결혼으로 하여 하디자 씨족으로 들어가게 된 마호메트는 학식이 풍부한 하디자 조카 바라카 이븐 나우팔과 사귀게 되었다. 그는 시리아의 복음서들을 히브리어와 아라비아어로 옮길 정도였다.

하디자와의 사이에서는 연달아 딸을 낳았다. 물론 아들은 낳았지만 어찌된 일인지 죽고 말았다. 아라비아 사회에서는 대를 이를 사내아이가 없다는 것은 큰 치욕처럼 되어 있다. 그러한 아라비아 전통 풍습은 그 능력만 허락되면 무제한 중혼이 법으로도 허락되어 있기 때문에 부자들은 얼마든지 젊고 아름다운 여자, 그리고 노예들을 사들여도 이상할 것이 없었다. 하지만 마호메트는 달랐다. 오직! 그의 아내 하디자에게만 충실하려고 했다. 그래서 기울어가는 숙부의 살림을 도울 겸 그와는 사촌간이 되는 알리를 입양했다.

마호메트 나이 사십이 이르렀을 때였다. 그는 메카에서 수 킬로미터 떨어진 히라 언덕의 동굴에 은둔하여 몇 날밤을 새우곤 했다. 세상에 출현한 모든 성현들이 그러한 허무에 휩싸여 깨달음을 얻기 위해 구도의 길을 떠돌며 인간의 허무를 고뇌하듯이 마호메트 역시도 마찬가지였다. 벌거벗은 불모의 산 동굴 속에서 그 회색의 허무, 삶과 죽음이 무엇인가? 그 같은 고민을 털어내기 위해 명상의 날들로 일관해 오고 있던 611년의 어느 날 밤, 갑자기 빛과 구름에 휩싸인 물체가 나타나 그를 깨웠다.

"보라! 그대는 하나님이 보내신 사자나라."

가브리엘 천사였다. 아라비아어로는 '지브리엘'이라고 부른다. 그때에 이르러 가브리엘 천사가 마호메트의 운명을 예고해 준 것이다. 놀란 마호메트는 혼란에 쌓이고 말았다. 그 스스로가 믿어지지 않았기 때문이다. 그 천사의 말을 받아들이기까지는 그 자신조차도 여러 날이 걸렸다고 한다. 그러나 그 말을 전해 듣고 사실로 받아들여 준 사람이 그의 아내 하디자였다.

그 아내 하디자는 그 후로도 오직 한 사람 그 말을 믿어 주는 유일한 후원자였다. 그에게는 모성이 넘쳤고, 세상과는 섞이지 못한 마호메트를 언제나 따뜻하게 품어주었다. 하디자는 남편의 고민을 풀어주기 위해 유대인과 성서에 해박한 지식을 가지고 있는 조카 '바라카 이븐 나우팔'에게 조언을 구한다. 그 때 그 조카는 마호메트의 고민을 위로하면서도 몹시 염려했다. 그 염려는 신으로부터 선택 받은 사람은 언제 어디서나 그에 반하는 저항의 도전을 받게 마련으로 같은 부족의 손에 단죄되어 내쫓기지 않을까 하는 기우의 염려였다.

그 후 마호메트는 거듭 찾아오는 계시의 천사를 만나면서 그 일에 점차 익숙해졌고, 또 자연스럽게 자신을 그렇게 인정해 가기에 이르렀다. 그 계시가 찾아올 때마다 마치 술에 취했을 때처럼 몽롱한 의식 상태가 몇 시간이나 지속되면서 귓속에서 이상한 소음이 윙윙거리는 것이었다. 그것은 계시가 있을 때마다 나타나는 현상이었다.

그는 이제 더 이상 자신을 의심하지 않았다. 아니 그가 이미 신으로부터 선택 받았음을, 그리하여 하나님과 인간 사이의 중보자로서 그 사명이 있어 왔음을 확신하기에 이른다. 마호메트가 그 아라비아인들에게 하늘과 땅, 그 중보자로서 사명하는 그 첫 장은 이렇게 하여 시작되었다.

그로 하여 선포되는 천지창조 하나님의 말씀 그 '코란' 교의 창시자 마호메트에게 기존의 사상가들과 시민들로부터 냉대와 박해가 시작되었다. 그때까지 그들이 믿어온 것은 여호와 유일신唯一神 숭배사상으로 유대 족속을 비롯해서 그 당시 다른 족속의 백성들도 마찬가지였다. 영계靈界의 본체신 하나님, 그 태초 빛의 말씀(Logos)으로 창조해서 다스림의 신관으로 부리고 있는 천상의 사람, 그 신계神界를 전지전능하신 절대자 하나님으로 받들어 숭상해 오고 있었기 때문이다.

특히 사막지대의 아라비아인들은 그들이 믿어온 자연신들의 이름이 수없이 많았다. 그 형태는 유대인들이 여호와를 천주天主 하나님으로 믿고 행사해 오던 샤머니즘적인 율법행위의 제사의식 그대로 신에게 행사하고 있었던 것이다.

그와 같은 기존의 기복신앙관의 틀을 뒤집어엎으려고 하는 성자 마호메트였고 보면, 그들 기존의 사상가들로부터 박해를 받을 수밖에 없었다. 본체신 하나님의 심부름꾼에 속한 자연신들이 그들 나름대로 소명을 받고 그 행사를 해 오던 하나님 종복從僕의 시대가 성자 출현으로 마감되는 그 천기운행天氣運行의 변화섭리 역사를 무지해서 이해하지 못했기 때문이다.

그처럼 아라비아에 성자 마호메트 출현으로 다신숭배시대를 마감하고 문이 열린 하늘나라 진리의 말씀 '코란 경전' 속에서 '알라' 란 영원무궁하신 하나님을 뜻하면서, 진리의 지혜라는 뜻이기도 하고, 우주만물을 다스리는 신, 즉 태초의 천지창조 하나님을 의미하는 말이다.

이렇게 성자 마호메트가 선포한 '알라신' 이란 기존의 백성들이 숭상해 오던 그 어떤 이름이 붙여진 신이 아닌 스스로 존재하는 진리의 절대자를 뜻한다. 그 본체신의 우주정신을 그 백성들에게 힘차게 선포하고 있는 내용이 성자 마호메트로 그 문이 열린 '코란경' 이었다. 그와 같이 절대자 '알라신' 의 진리를 힘찬 선포라 하여 아라비아 언어로 '꾸란' 이라고 했다. 이 '꾸란' 이란 언어가 프랑스어로 옮겨지면서 '코란' 으로 회교도들의 경전이 된 것이다. 또 이슬람이라는 뜻은 하나님의 의지에 복종함을 의미한다는 것이며, 즉 하나님에게 복종하고, 의지하는 것, 이 뜻으로 성자 마호메트가 전하는 메시지가 주류를 이루면서 알라(하나님)는 죽은 자를 살리는 전지전능자, 즉 유일하신 생명의 '알라신' 이기 때문에 믿고 의지하는 것이 지혜로운 것이라는 것을 설파한 내용이다.

그리고 그 알라신(하나님) 최후의 심판이 있을 것인데, 선한 자에게는 그 알라신과 영원히 그 낙원에서 함께 살 수 있는 축복이 주어지고, 악한 자에게는 뜨거운 징벌을 내릴 것이라는 것이 코란경의 메시지였다. 그러나 코란경이 전하는 이러한 메시지는 무관심과 경멸과 적대감으로 돌아왔다. 마호메트는 먼저 자신의 종족을 개종시키고자 했지만, 끝내 돌아오는 것은 냉대와 조소뿐이었다. 그의 말을 믿어주는 사람은 오직 아내 하디자와 두 양아들 알리와 제이드로 그의 가족이 최초의 신도들이었다.

그리고 처음 외부인 신자가 부유한 상인 '아브 바르크' 였다. 그는 평소 단호한 성격의 소유자로 용기가 있었으며, 그 온유함이 여러 사람들로부터 칭송을 받고 있었다. 그가 마호메트를 믿어주는 외부인으로서는 제일의 측근자였다. 마호메트는 먼저 자신의 측근 친척들을 개종시키려고 노력했다.

그러나 '알 무탈리브'의 혈족이 그의 말을 믿어주지를 않았다. 아니 쉽게 들어줄 수 없음을 생각하게 했다. 더구나 그처럼 완고한 숙부 '아브 탈리브'가 대대로 숭상해 오던 조상의 신을 팽개칠 리가 만무했기 때문이다.

그야말로 정직하기가 이를 데 없는 숙부였다. 하지만 대단한 고집쟁이였다. 마호메트는 친척들을 한 사람씩 만나 두들겨 보았지만 마찬가지로 실망만을 안겨 주었다. 어쩔 수 없이 밖으로 나온 마호메트는 그가 얻은 깨달음의 진리를 외부인들에게 선포했다. 그러나 그들 역시도 조상들이 믿어오던 기존의 신을 버릴 수 없다는 식으로 냉대뿐이었다. 그들은 등을 돌리고 하나같이 입을 모아 말했다.

"그가 미친 게 아닐까? 그가 말하는 유일하다는 알라신은 어디서 온 것인지도 모를 뿐더러, 이를 저 많은 신들이 과연 용서할까? 막대한 소득원인 카바 성전을 포기하고 순례를 멈추라니?"

이러한 시민들의 냉대의 소리가 수장인 숙부의 귀에까지 들어가지 않을 수가 없었다. 조카 마호메트가 시민들의 신앙생활을 방해한다고 비난이 퍼부어지기 시작했을 때, 숙부는 조카의 말에 따르지는 않았지만, 그러나 애정이 두터웠던 만큼 그 수장의 직책과 조카 사이에서 고민을 하면서도 그들에게 굴복하지는 않았다. 비록 씨족들 사이에서 그를 좋지 않게 말하는 이들도 있었다. 하지만 어쨌거나 씨족의 일원이었기 때문에 보호를 할 수밖에 없는 것이었다.

쿠라이시족 가운데는 수장 아브 탈리브에게 그의 파문을 주장하는 사람도 있었다. 마호메트의 추방은 수장인 숙부 아브 탈리브에게 달려 있었다. 하지만 숙부는 조카가 믿으라는 알라신에게 개종할 의사는 없었지만, 그렇다고 조카 마호메트를 그들 적들 손에 순순하게 내맡길 수는 없는 것이었다.

숙부인 수장은 파벌의 계율대로 그를 보호하고 감싸주었다. 그러나 쿠라이시족 안에서는 마호메트를 놓고 그 의견이 분분했다. 의견들이 그 쯤 되자 숙부는 마호메트에게 사람을 보내어 설득해 보려고 했다. 그 전에 마호메트가 가까이 지내왔던 우트바가 이 역을 맡았는데, 그는 침착하기로 이름난 사람이었다.

그가 마호메트를 찾아와서 말했다.

"우리 모두는 자네가 건강한 사람이라고 알고 있네. 그렇지만 자네의 행동거지가 이 좁은 성읍에서 어떤 구설수와 혼란을 일으키고 있는지 내가 굳이 말하지 않아도 자네가 잘 알고 있겠지. 도대체 왜 그러나? 돈 때문인가? 아니면 뭔가? 자네를 우리의 지도자로 세울 용의도 있네. 그러니 제발 우리가 숭배하는 신들이나 이 신들의 추종자들이 영원한 지옥 불에 떨어질 거라는 얘기는 좀 삼가 주게. 행여 어디가 아파서 그러는 거라면 우리가 자네의 육신과 영혼을 완벽하게 치료해 줄 수 있는 이 세상 최고의 의원을 찾아 주겠네."

그야말로 침착하고 조리 있는 그의 말을 슬픈 얼굴로 전해 듣고 난 마호메트가 그에게 말했다.

"아무것도 이해하지 못했구나. 그들은 아예 믿고 싶어 하지 않을 거야. 이들이야말로 불신자들이 될 터. 그들은 자신들이 알라를 믿기 바란다면 증표를 보여 내세우라고 하는구나. 성읍을 둘러싸고 있는 저

사막에 푸른 강물을 흘러 보내 시리아 같은 나라를 만들라니. 달을 두 개로 쪼개 보라니. 그게 무슨 과자라도 된단 말인가?"

사실 그때 사람들 사이에서는 마호메트가 마법을 행한다는 소문이 파다하게 퍼져 나갔다. 그러면서 그들은 마호메트로부터 그 어떤 기적을 보여줄 것을 요구해 오기도 했다.

마호메트가 산을 꾸짖어 딴 곳으로 옮기게 한다는 소문이 널리 퍼져 옮겨가는 구경을 하려고 사람들이 모여들었다. 이에 마호메트는 그들 앞에서 무엇인가 보여주려고 결심했다. 마호메트가 엄숙한 모습으로 관중들 앞에 모습을 나타내자 그들은 모두들 긴장하여 숨을 죽였다. 그러자 근엄한 음성으로 산을 향해 소리쳤다.

"산아, 냉큼 옮겨 가거라!"

그러나 산은 꼼짝도 하지 않았다. 마호메트는 다시 한 번 호령했다. 그래도 산은 여전히 움직이지 않았다. 그러자 군중들이 웅성거리며 소란스러워지기 시작했다.

이 때 마호메트가 태연하게 말했다.

"아무리 말을 해도 이놈이 옮겨가려고 하지 않으니, 내가 옮겨가면 그게 그 턱이겠지."

그는 산과 사람들을 남겨 놓은 채, 자기 혼자 어슬렁어슬렁 걸어가 버렸다. 그는 그때 그가 고향 메카를 떠나게 될 것을 그렇게 암시시켜 주고 있었던 것인지도 모른다.

이렇게 끝내 그의 말을 믿어주지 않는 측근과 시민들에게 실망한 마호메트는 어느 날 동네 어귀에 서서 그들을 향해 단호하게 말했다.

"불신자들아! 너희들이 숭배하는 저들을 결코 용서할 수가 없구나. 알 라트, 알 오자, 또 마나트라, 그 여신들이 도대체 무슨 의미인가? 이 모든 것을 만들어낸 이는 너희 자신, 너희 아버지가 아니더냐?"

성자 마호메트의 이와 같은 말은 마침내 갈등의 불씨를 키우는 폭탄이 되고 말았다. 그 누구도 그들이 믿어오던 신에 대해 이같이 불경스럽게 말할 수는 없었기 때문이다. 그들은 마호메트가 전하는 핵심의 메시지, 욕신의 부활과 최후의 심판이라는 말을 조롱하면서 말했다.

"알라가 전하라는 최후 심판의 그 날을 말해 보라! 영원한 지옥불의 고문이 무엇이냐? 말해 보라."

조롱하는 무리 속에서는 마호메트가 유대인들에게 매수된 것이라고 말하는 사람도 있었으며, 마법사가 된 것이라고도 했고, 혹 어떤 이는 시인이라고 말하기도 했다. 이렇게 설왕설래하는 비난에 맞장구를 치는 맞수는 마크줌파의 수장 아브 잘이었다.

마크줌파의 수장 아브 잘이 조카를 모욕했다는 소문을 사냥 길에 전해들은 숙부 함자는 조카 마호메트가 얄미웁기는 했지만 그냥 지켜본다는 것은 참을 수 없는 일이었다. 씨족 전체를 욕보이는 무시당함 때문이었다. 숙부 함자는 가난하고 술을 즐겼지만 과단성이 있고 용기가 있는 사람이었다.

그는 씨족끼리의 연대감으로 마호메트와 뭉치게 되면서 불같은 성미가 어느 날 한 손에 무기를 들고 뛰어나가 화살을 날려 아브잘의 몸에 상처를 입힌 싸움 끝에 마크 줄 함자는 다만 씨족끼리의 연대감으로 마침내 이슬람교도가 되었다.

이러한 씨족의 옹호로 최악의 상황에서 비켜날 수 있었던 마호메트였지만, 그러나 그를 따르는 교도들은 정신적, 육체적인 탄압을 당해야만 했다. 시민들은 이슬람교도들만 보게 되면 돌팔매질을 했기 때문이다.

이슬람교도들의 정신적 지주였던 마호메트는 추종자들을 방어하기 위해 부단한 노력을 하던 중 친척과도 같은 쿠라이시족 마크줄과에 일원에게 도움을 받게 되었다. '알 아르캄 이븐 아브드 마나프' 라는 그는 이 신흥종교의 교도들에게 널찍하고 길목이 좋은 자기 집을 은신처로 제공해 준 것으로, 그 호의를 받아들인 마호메트였다. 그것이 마호메트가 그 어느 파벌에도 속하지 않는 진리의 성자였기 때문이다.

그러나 파벌을 따지기 좋아하는 인간들은 그렇지를 않았다. 불신자들의 불매운동이 일어나면서 아내 하디자의 장사는 완전히 파산하기에 이르게 되고 말았다. 상황분위기가 그렇게 되면서 그를 따르는 교도들의 재정상태 역시도 엉망이 되어 버렸다. 그처럼 무거운 정신적 짐을 마호메트는 혼자 감당해야만 했다.

마침내 615년 더는 견딜 수 없게 된 마호메트는 이슬람교도들과 함께 아비시니아로 떠날 것을 결심하고 작은 무리를 이끌고 현재의 이디오피아 땅으로 옮겨갔다. 그 곳에는 기독교 왕국의 황제가 그들을 기다리고 있었다. 그는 뛰어난 지혜로 부귀영화를 누리고 있었다.

마호메트의 이 첫 번째 이주가 이제 막 싹트기 시작하는 이슬람교와 여호와 유일신唯一神 숭배사상의 유대교에서 분파된 기독교를 추종하는 신도들 사이에 화합을 이루는 계기가 된 것이다.

이 둘 교도들이 화합할 수 있었던 것은 다신숭배시대多神崇拜時代의 기복신앙을 마감하게 하는 진리체 성자들의 교리가 그들의 사이를 좁힐 수 있었던 근본원인이 될 수 있었음이다. 하지만 유대교를 신봉했었던 만큼 여전히 그들이 뿌리조상신 여호와를 전지전능하신 천주 하나님으로 믿고 있었다. 그렇기 때문에 그 가르침의 율법제사 의식을 그대로 행하고 있으면서 그 굴레에서 벗어나게 하는 하늘나라 사랑의 천법天法, 그 '새 계명'을 너희에게 주러 왔다는 성자 예수를 그 선대가 이단의 괴수로 내몰아 십자가 위에서 처형시켰기 때문에 기독교 스승을 구세주 메시아로 인정하지 않았다.

그러한 유대인들의 신앙관은 유대 땅에 오고 간 선지자들이 때가 이르면 오리라고 예언한 초림 구세주 메시아를 여전히 기다리고 있었다. 그런 관계로 유대교도들은 구약만을 성서로 인정하고 기독교 스승 성자 예수로 창시된 신약복음은 성서로 인정하지 않았다. 하지만 성자 예수로 문이 열린 신약성서의 교리는 성자 마호메트가 설파하는 논리와 그 맥을 같이하고 있었다. 천국과 지옥설이 그러하고 전지전능하시며 무소부재하시다는 하나님 '알라' 그 최후의 심판 날의 예언이 그와 상통하고, 굳이 또 신의 이름이 필요치 않은 스스로 존재하신 절대능력자로, 마호메트가 주장하는 태초의 우주 근본이라는 알라(하나님), 그 '코란경'의 교리와 신약성서는 그 이치가 조금도 다를 것이 없기 때문이었다.

이러한 관계로 그들의 사이는 마치 형제를 만난 것처럼 끈끈한 정을 나누면서, 이때 이주한 아라비아인 가운데 몇은 아비시니아 교회의 신약성서에 감화되어 개종하는 사람도 속출했다.

메카 사람인 오마르 이븐 카타브는 마호메트를 자기 손으로 죽이겠다고 장담했던 사람이다. 그는 난폭하기가 이루 말할 수 없는 사람으로 육척 거구였다. 거기에다가 자존심과 오만함 또한 대단한 사람이었다.

어느 날 백주 대낮에 집회가 열리는 이슬람교도 알 아르캄의 집을 행해 뛰어 가면서 그는 노상에서 만난 사람들에게 지금부터 자기가 무슨 짓을 할 것인가를 말한다. 이슬람교도들을 죽여 버리겠다는 것이었다. 그러자 한 사람이 그 오르마에게 말했다.

"먼저 당신 집에서 어떤 일이 벌어지고 있는지 살펴보고 나서 하는 게 좋을 게요."

그 말에 오르마는 자기 여동생 파티마와 그녀의 남편 사이드가 이슬람교로 개종했음을 알게 된다. 자기 집으로 되돌아온 오르마는 대장장이 카밥이 자기 여동생과 매제에게 '코란경'을 읽어주고 있는 소리를 듣는다. 이 때 오르마의 발자국 소리에 놀란 카밥은 다른 방으로 숨은 뒤였다.

오르마는 낯선 주인공의 목소리를 들었던 터라 그 누이를 다그쳤다. 누이를 때려 머리에 피가 나게 하고 이내 곧 후회를 하게 된 오르마였다. 그 누이에게 읽던 '코란경'을 계속해서 읽어 보도록 하자 누이가 코란을 읽기 시작했다. 구구절절이 옳은 소리뿐이었다. 이에 감동한 오르마는 그 길로 알카르마의 집으로 달려가 개종을 서약한다. 그 때는 마호메트가 메카를 떠나 망명중에 있었기 때문에 알 카르캄이 메카의 이슬람교도들과 그의 집에서 몰래 집회를 열고 있었기 때문이다. 그 누구도 오르마가 이슬람교로 개종을 하리라고는 생각지 못했었다. 그런데 그가 개종을 하고 마호메트 사후에 배출되는 가장 유명한 이슬람교 수장이 되리라고는 그 누구도 상상하지 못했던 것이다.

619년, 마호메트는 그의 아내 하디자의 부음을 전해 듣는다. 하지만 죽음을 슬퍼하거나 그것을 이유로 눈물을 흘리지 않았다. 인간의 죽음이란 실체 생명의 허물일 뿐이라는 것을 전하고 있었던 성자 마호메트였기 때문이다.

그의 아내 하디자는 65세의 나이로 별세하기까지 25년 동안 마호메트의 조언자로 재정적인 후원자였으며, 반려자인 동시에 그를 믿어주었던 최초의 신도였다. 아내가 세상을 떠난 뒷자리에 그 숨결처럼 남아 있는 두 딸들을 돌봐야 했던 마호메트는 재혼했고, 그 뒤에 숙부 나이 90세로 별세하자 마호메트는 마지막 보호자까지 떠나버린 쓸쓸함을 맛보게 된 것이다.

그 숙부의 뒤를 이어 하심파의 수장이 된 사람은 아브 탈리브의 동생 아브라함이었다. 그는 모두가 인정하는 이슬람교의 적이었다. 그가 보는 조카 마호메트는 그야말로 혼란을 주는 못된 녀석이었다. 아브드 알 무탈리브와 아브 탈리브가 개종을 하지 않고 그대로 기존의 자연신을 섬겨 왔기 때문에 뜨거운 지옥 불에 떨어질 것이라고 말하고 다녔기 때문이다.

아라비아인들에게 있어서 자기 가족이 지옥에 떨어진다고 하는 것은 자기 종족 전체를 지옥에 떨어뜨리겠다는 것과 다름이 없기 때문에 씨족들이 볼 때는 용서할 수 없는 망나니로 최고의 죄악을 저지른 것으로 간주했다.

그처럼 종족의 계율을 어겼다고 간주된 마호메트는 씨족으로부터 소외되는 것은 당연했고, 파문될 것은 자명한 일이었다. 파문된 자는 씨족으로부터 보호를 받을 수 없기 때문에 마호메트는 벌써부터 쫓기고 있었고, 적들은 더 없이 쾌재를 불렀다.

마호메트는 저주받은 도시 메카를 다시 떠나야 한다고 생각하고 있을 즈음이었다. 620년, 아라비아는 여름이면 유난히 많은 순례자들이 카바의 성소를 찾아들었다. 마호메트는 메카를 찾아온 이방인 가운데서 그의 사도를 찾을 생각이었다.

야스리브에서 온 순례자 여섯 명을 만나게 되었을 때였다. 마호메트의 논리와 품성에 반한 그들은 마호메트가 온갖 대립적 갈등으로 얼룩진 그들의 성읍 문제를 그와 같은 우주 일체론 사상으로 풀어줄 수 있는 능력자로 인정을 한 것이다.

이들과 메카 근처에서 가진 그 첫 번째 모임에서였다. 아카바의 첫 번째 서약이라는 이름을 이때 얻게 되었다. 그것은 마호메트가 야스리브인들에게 자기를 보호해 줄 것을 요청했기 때문이다.

그와 같은 행사는 씨족을 잃은 자가 다른 씨족들에게 자신의 보호를 요청할 때 행하는 통과 의례 같은 것으로, 힘들고 무거운 것이기도 했다. 그처럼 시대변화에 의해서 영원한 하늘나라 진리를 전해야 했던 마호메트는 육신의 가계 혈통에서 잔인하게 잘림을 받아야만 했다. 그러나 그쯤은 당연한 것으로 받아들이고 있는 마호메트였다.

그와 같은 성자 마호메트의 행보는 육신의 가계혈통, 그 종족의 의미가 더 이상 필요가 없음을 보여준다. 그것이 이 세상에 출현한 성자들의 사명으로 족속을 초월하여 영원히 변하지 않는 진리의 말씀으로 지구촌 인류를 하나로 통일시키고자 하는 것이 그 뜻을 같이 하고 있는 성자들의 가르침이었기 때문에 종족의 핏줄이 중요한 것이 아니었다. 물체인간 생명의 실체인 영혼, 그 근원의 뿌리를 하나로 의식할 수 있는 사상이 공동체의 혈족이라는 관념으로 그 약속을 맺기 위함이었다.

그렇게 하여 622년에는 75명의 야스리브 순례자들이 75명의 남자와 2명의 여자를 포함하여 아카바 협곡에서 마호메트를 위해 투쟁할 것을 서약하기에 이른다. 이것이 아카바의 두 번째 서약으로 비로소 마호메트가 그 수장이 되었다. 그것은 이제까지 전통적인 씨족의 수장이 아닌, 인류의 정신사적인 공동체로 그 능력을 인정받은 수장으로서의 위치인 것이었다.

메카의 북동쪽 350㎞ 지점에 위치한 야스리브였다. 6세기 경 바빌로니아 문헌에도 등장하는 천년고도로 인구는 3,000명으로 아라비아 문화에 흡입되어 있었다. 그래서 아라비아 방언을 구사하는 유대인들이 쿠라이자, 나디르, 카이노카의 세 부족으로 갈라져 있었고, 이들 외에도 오우스와, 카즈라이라는 아라비아 부족이 강력한 지배층을 형성하고 있었다. 이들 사이의 대립이 격화되면서 온건파들은 마호메트를 중계자로 급히 불러들였다. 그 당시로는 오우스족이 카스라이족을 압도한 추세였다.

그러한 대립은 유대 이스라엘 민족이 이방민족과 잦은 대립을 그들의 뿌리 역사 구약의 내용에서 그처럼 보여주고 있듯이 그와 같은 대란을 염려하지 않을 수 없었다. 사실 사막 속에서 푸른 초장인 야스리브는 형제간의 살육을 불사할 만큼 기름지고 풍요로운 땅이었다. 우선 지하수가 풍부한 오아시스가 있고, 종려나무와 과일이 넘쳐나는 땅 야스리브는 볼모의 땅 메카와는 달랐기 때문에 그 생업이 주로 농업이었다. 이것이 야스리브 부족의 취약점이었다고나 할까?

오랜 사막생활로 강인하게 그 정신력을 어려서부터 길들여온 베두인 사람들은 언제나 그들의 위협적인 존재였다. 그런 부족과 씨족 사이의 관계가 점차 악화되면서 복수는 복수를 부르고, 그 복수는 내일의 삶을 예측할 수조차도 없는 상황에서 야스리브인은 오직 마호메트만이 그들 사이의 중계자로 평화유지를 해줄 수 있을 것이라는 대안이 마호메트를 급히 부르게 되었던 것이었다.

마침내 마호메트가 고향 메카를 떠나 야스리브로 망명길을 떠나려고 한 그날 새벽이었다. 메카의 불신자들이 집으로 들이닥쳐 침대를 덮쳤다. 그런데 우연이 아니면 신의 계시인 것이었을까?

전날 밤 마호메트는 사촌 알리에게 자기의 침대를 내어주고 거기에서 자도록 했었다. 그래서 그 위험을 벗어날 수가 있었다. 그러나 메카인들은 곧 마호메트의 뒤를 추적하고 쫓기 시작했고, 그들의 눈을 피해 마호메트 일행은 어느 동굴 속으로 숨어들었다.

그들은 그 일대를 샅샅이 뒤집었다. 거기에서 멀리 벗어나지 못했을 것이라고 추측했었기 때문이다. 이처럼 긴박한 상황에서 한낱 미물도 하나님의 보내심을 입은 성자를 알아보고 돕고 있었던 것이라고나 할까?

동굴 입구에 거미가 나타나 거미줄을 치는가 싶더니, 동굴 어귀에 비둘기 한 마리가 날아와 둥지를 틀고 태연하게 알을 품고 있는 모습에 동굴을 뒤지러 가까이 이르렀던 메카인의 걸음을 되돌려 놓게 했었다는 이야기가 전해지고 있다.

마호메트가 메카에 사는 동안은 그를 맞아주는 이들의 보호를 받았지만, 메디나에서는 메디아인의 도움을 받을 수밖에 없었다. 마호메트는 야스리브를 가는 방향을 멀리 돌아서 가기로 했다. 쫓는 무리들을 따돌리기 위해서였다. 마호메트가 야스리브 오아시스에 닿았을 때는 서기 622년 2월 16일이었다. 이곳에서 이슬람교 최초의 성전이 세워진 것이다.

망명 초기 마호메트는 유대인을 설득할 수 있으리라고 생각했기 때문에 그들에게 예배시간에 예루살렘을 향해서 기도하는 것까지도 허용해 주었다. 그러나 유대인들은 기독교도들과는 달리 설득될 수가

동방의 빛
KOREA를 밝혀라

없는 것이 바로 그 이름을 가진 여호와 신의 가르침, 그 율법에 굳게 묶여 있었기 때문에 그 벽은 허물어질 수가 없었다. 그 율법을 폐하라는 성자 예수도 '이단'으로 내몰아 십자가에 못 박았던 그들의 조상이며, 또 그 정통성을 자랑하는 것이 유대인들이었기 때문이다.

그들에게 있어서는 '나는 이스라엘의 하나님 여호와로다!' 하고 '나 외에는 다른 신을 섬기지 말라!'고 선포한 그 계율이 세워져 있었기 때문에 여호와의 율법 십계명에서 너희를 해방시켜 주러 왔다는 본체신 하나님의 아들 성자 예수의 말씀을 인정하지 않았던 유대교인들이다. 그런데 그처럼 이단으로 내몰았던 성자 예수의 가르침과 그 맥을 같이하고 있는 성자 마호메트의 '알라' 교리를 인정하려고 하질 않았던 것이다.

그처럼 성자 이전의 종교사상은 어느 부족이나 마찬가지로 그들이 믿어 온 신의 이름이 있는 신비주의적인 기복신앙관이었다. 그와 같은 신비주의적인 믿음에서 해방시키려는 것이 근본을 같이 하고 있는 칠대 성현들의 가르침이었다. 하지만 그들의 종교사상이란 선대로부터 내려온 토속신앙이었기 때문에 그 시대변화를 외치던 성자들은 그와 같이 쫓김과 냉대를 받으면서 영원히 변하지 않는 근본의 진리가 무엇인가를 설파하기 위해 죽음까지도 불사하는 투쟁사를 보여주고 있는 것이다.

그와 같은 박해 속에서 성자 마호메트가 자신의 영향력을 그렇게라도 확대할 수 있었던 것은 '메디나'라는 이들과 맺은 그 공회의 이름이 있었기 때문이다. 부족들이 동맹을 결성하여 서로 보호할 의무를 함께하는 상호 안전협약으로, 이 동맹체는 메카에서 온 이주자들과 메디나의 부족 등으로 이루어진 여러 조직들의 연합체였다. 그래서 각기 그룹의 수장이 세워져 있었던 것으로, 아라비아 특유의 사회구성 형태였다.

마호메트는 이주한 쿠라이시족의 수장이면서, 또한 이슬람교도들의 수장이기도 했었던 이러한 사실로 인해 그는 정신적인 위치에서 세속적인 권위까지도 확립하기에 이른다. 그러나 세속의 권위를 확립하기 위해서는 어느 정도의 무력이 필요했다. 그것이 마호메트 개인을 위한 것이 아니라, 그를 추종하여 죽음도 불사하고 쫓아온 이슬람교도들의 생명을 보호하기 위해서는 어쩔 수 없는 것이었다.

그러한 상황 분위기에서 세속적인 부족의 수장을 맡고 있었던 마호메트는 세속적인 권위에 연연한 모습이 아닌, 그 어느 한 쪽으로 기울지 않는 모습으로 모든 이들로부터 위엄과 존경을 받을 수 있었던 것으로 사막인들의 의지였다. 그처럼 성자로서 세속적 수장의 능력을 발휘한 마호메트는 운명적으로 그러한 환경 속에 출현하여 그가 이루어 보여줄 몫의 사명을 충실히 이루어 내기 위해 수 없이 많은 고통과 사선을 넘나들어야 했던 것이다.

마호메트를 따라온 이방인들이 메다니아에 거주하게 되면서 그곳 기존의 주민들에게는 가볍게 넘길 수 없는 문제가 우선적으로 그 생활 대책이 서 있지 않았기 때문이다. 기존의 주민들 도움에도 한도가 있었다. 아량을 베풀어도 기근과 거기에다가 전염병까지 돌아 고통을 당하고 있었다. 허기진 배를 대추야자 열매와 물로 채우며 그 고통을 참아내고 있는 가운데 설상가상으로 건조한 메카의 기후와는 달리 매서운 한기를 견뎌내기란 더욱 어려운 것이었다.

그야말로 극심한 열의 이질과 말라리아까지 극성을 부려 여러 신도들이 눕게 되고 말았다. 그들이 추종하고 쫓아온 정신적인 지주 마호메트였다. 여기에서 마호메트는 사막 생활을 해 오며 상인들을 따라다녔던 경험을 바탕으로, 정신적 혈족을 위한 기지를 발휘하게 된다. 그들을 기아로부터 구해낼 수 있는 방안으로, 메디아 인근을 지나는 베두인의 상인을 대상으로 그들이 가지고 있는 넉넉한 식량과 재물을 취득하도록 허용했다. 다만 그 어떤 피의살상만은 절대로 금기시켰다.

생존을 위한 불가피한 행위였다. 아니 공동체의 생존을 보존하기 위해 젊은 시절에 보아온 오랜 사막의 전통과 손을 잡은 것이다. 이것을 말함이었을까? '코란경 2장 16절'에 이런 구절이 있다.

"비록 너희가 싫다 해도, 투쟁이 너희에게 명해졌나니, 너희가 싫어해도 너희에게 복이 되고, 너희가 좋아해도 너희에게 악이 되는 것이 있나니, 너희는 알지 못하나 알라께서는 아시니라."

그 시작의 결정적인 계기는 해지라 2년, 624년 3월에 시작되었다.

가자에서 돌아오는 낙타 1,000여 두 규모의 대상들이 지나고 있었다. 이들은 아바 수피얀의 인솔하에 수십여 쿠라이시족 베두인 사람들의 호위를 받고 있었다. 금화 5만 디나르도 더 나가는 물건을 싣고 있었다. 이 소식을 접한 마호메트는 오아시스 근처에 300명을 매복시켰다. 메카인이 90명, 그 나머지 전사들은 메디나인들이었다.

이 기습이 사상 최초로 이슬람교도들이 무력을 통해 거둔 승전고였다. 이때 이슬람교도들은 마호메트를 보호하기 위해 '알라'가 수호신 천사를 내보냈다고 믿었다. 그래서 그들은 알라와 함께하는 전쟁이었다고 생각했던 것으로, 말하자면 불신자로 낙인찍힌 메카의 쿠라이시족속에게 있어서는 이 일은 일종의 경고 같은 것이기도 했다.

이때부터 메카인들과의 전투가 시작되면서 엎치락뒤치락하는 대결에서 패배를 몰고 오게 한 것은 유대인들의 위선적 배신 때문이었다. 마침내 마호메트는 끝까지 살아남기 위해 위장색을 하고 있는 유대인들과 끝장을 결심하기에 이른다. 그래서 그들을 개종시키기 위해 그들에게 허용했던 이스라엘을 향한 기도를 철회하고 메디나를 떠나라고 명령한다. 이에 저항하는 유대인들이었다.

그러자 무슬림들은 그들을 보루에 밀어 넣고, 그들의 종려나무 숲을 모조리 불살라 버렸다. 여기에서 혹자는 항복을 했지만 재산은 모조리 몰수를 했다. 이러한 마호메트의 유대인 말살정책은 다음날까지 계속되면서 대학살을 감행했다. 그 원인은 그들이 굴복하지 않았던 율법으로 성자 예수를 십자가에 처형시키고자 할 때에 그 조상들이 심판관 빌라도 앞에서 그의 무죄한 피 값을 '우리와 우리 자손들에게 돌릴지어다' 하고 외쳤던 그 말이 그대로 씨가 되어 그 자손들이 그렇게 치루고 있었음이다.

그 당시 그처럼 불안정한 외부 세력은 메카의 불신자들과 카이바르의 유대인 사이에 끼여 있는 상황 입장이었다. 메카는 마호메트를 냉대 박해하고, 그것도 단죄를 예견하고 망명길을 떠나게 했던 적대 도시였다. 그런데 어느 날 마호메트는 꿈에 보인 대로 메카로 순례를 떠나겠다고 선언했다. 모두들 놀라지 않을 수 없었다. 그들은 동참하기를 권하는 마호메트를 따라 메디나를 출발해 고향 메카로 향했다. 하지만 다른 베두인 사람들은 너무도 엄청난 일에 만류하지도 못하고 동참만을 거부했다. 개종을 한 그들이었지만 빌미만 주어지면 언제나 옛 종교로 복귀할 수 있는 아직 뿌리내리지 못한 그들의 신앙의식 상태였기 때문이다.

그런 한편으로 고향으로 돌아가는 일행들은 전투 의사가 없는 순례자 복장으로 그 수는 천 명을 넘었다. 이들의 메카 입성을 막을 수도, 허용할 수도 없는 메카의 쿠라이시족이었다. 메카는 그때가 한참 순례의 계절이었기 때문이다.

마호메트는 성읍 입구에 천막을 치고 그들의 대답을 받아내고야 말겠다는 고집을 보였다. 그러자 그 쪽에서는 할 수 없이 협약을 제언해 왔다. 내년 순례의 계절에도 3일간만 입성을 허용한다는 조건이었다. 이에 이슬람교도들 대다수가 불만이었지만 마호메트는 큰 성과라고 말했다. 그것은 아라비아 최고의 메카인들이 쫓기듯 고향을 떠난 무슬림들에게 동등하게 대우한다는 획기적인 증표였기 때문이다.

그처럼 점차적으로 그 힘을 늘려가는 마호메트였다. 628년 5월, 마호메트는 유대교도들이 사는 곳인 카이바를 대거 공략했다. 그 유대인들은 뛰어난 농법과 기술로 대추야자수까지도 재배하고 있는 거대한 종려나무 숲지대였다. 그들은 숲속에 흩어져 있는 일곱 개의 요새에 살고 있었다. 그들은 아라비아의 관습대로 그해 수확물 중에서 일부분을 자기들을 지켜 줄 베두인들에게 바쳤다. 그러므로 안전하게 보호받으면서 농업에 종사하고 있었다.

그런데 마호메트는 유대인들이 거주하고 있는 이 녹색정원을 향해 1,600명의 전사들을 출동시켰다. 6주에 걸친 저항이 있었지만 마침내 요새의 문이 열렸다. 유대인 일부가 포로로 잡혀 왔다.

일이 이쯤에 이르게 되면서 유대인들은 협상을 해 왔다. 카이바르의 오아시스에 소작인으로 남겠다는 것이었다. 그래서 그들의 수확 절반을 바치기로 한다는 협약을 받아냈다. 그리고 629년 3월, 마호메트는 드디어 고향 메카로 순례의 길을 올랐다. 그들이 비록 3일간만 체류하도록 허락했지만, 어쨌거나 그 출입을 핑계 삼아 화해를 하고

자 한 것이 그 목적이었다.

그러나 한 이슬람교도의 죽음을 빌미로 그 협약을 깨고 대군을 일으켜 메카로 진군했다. 이때 이미 이슬람교로 개종했던 아부수피얀이 메카인에게 마호메트의 조건을 받아들이라고 종용을 했다. 그 조건은 이슬람교도들을 자유로이 메카 출입을 허용해 주는 대신에 이슬람교도들이 메카인의 생명과 재산을 지켜주겠다는 것이었다.

그 협약이 이루어지면서 630년 1월, 마호메트와 그의 군대가 당당하게 메카에 입성하게 되었다. 그야말로 가난과 수모와 온갖 냉대의 박해가 끊이지 않았던 고향 메카였다. 그러나 그 고통과 시련을 극복하고 마침내 모두가 굴복하는 수장이 되어 돌아온 메카가 낳은 위대한 아들이라고 모두들 우러러 보았다.

그처럼 그 위용도 당당하게 입성하는 마호메트는 카바에 나타나 일곱 바퀴를 돌았다. 그리고 시민들에게 먼저 기존에 숭배해 왔던 자연 신들, 그 우상을 버리라고 명령했다. 그리고 카바를 이슬람 성소로 선언하기에 이른다. 이러한 마호메트의 메카 입성의 승리야말로 세속적인 권위의 승리이면서, 또 다른 한 편으로는 종교적인 승리이기도 한 것이었다.

이렇게 정치와 종교를 통합 장악한 마호메트는 이제부터 귀족은 이슬람 신앙을 받아들인 사람에 한해서 귀족일 뿐이라고 선언을 했다. 그로부터 쿠라이시 전체가 무슬림이 되어 아라비아 귀족계급과 이슬람 교도들이 통합을 하게 되었고, 여기에 다수의 베두인들이 연합을 하게 되었다.

이러한 상황 분위기에서 사우디아라비아에서는 나자란의 기독교 지도자들과 부족민들이 협약을 청해 왔다. 그 협약은 기독교인들은 이슬람 교도들의 보호를 받되 공물을 바치기로 한다는 약속이 이루어지면서, 북쪽 접경에서는 비잔틴과 경계를 맞대고 있는 여러 부족들이 마호메트의 지지자가 되어준 것이다.

비로소 메디나가 마호메트로 인하여 독립국가로 일어서고 있었다.

그래서 마호메트는 메디나의 법령체계를 무슬림 공동체에 적용될 법안을 세울 수가 있게 되었다. 이슬람 종교체계는 신도들에게 오행五行이라는 다섯 가지의 의무를 부과한다. 그 첫 번째 의무는 '알라'가 절대자로 유일신이며, 마호메트는 알라가 보내신 신인이라는 고백 샤하다로, 이는 메디나의 영토를 넘어 이교도의 개종 의식에 쓰이는 입교 선서이기도 했다.

그리고 그 두 번째 의무는 하루에 다섯 번씩 하는 기도의식 샬라로 이 시기를 기점으로 해서 외부의 기존 성서(구약)를 향해 하는 것이 아닌, 메카의 카바, 아라비아 순수한 성소를 향해 기도해야 하는 것이었다. 그 다음에 세 번째로 사원의 탑 꼭대기에 올라가 '알라'는 위대하시다. 알라 외에는 다른 신은 없나니, 마호메트는 그가 보낸 사람이라고 기도하라. 그리고 '천복을 구하라'는 것이었다. 이 기도를 외워야 하는 그 마음의 제사시간을 알리는 역할을 뮈엔젠의 노비 출신 빌립이 맡았다.

이와 같이 마호메트는 메카를 점령한 뒤 2년이 지나서 다시 순례길에 오른다. 그로부터 2개월 뒤인 632년 여름, 사막의 메마른 땅에 태초의 이름 없는 하나님, '알라'의 존재를 알리고 기존의 신전과 기복신앙을 뒤엎은 성자 마호메트는 그의 사명을 끝내고 조용히 눈을 감았다.

평소에 그처럼 단호하게 설파했던 진리의 법 '코란' 경전을 생전의 숨결로 남겨둔 채로 아무런 예고도 없이 홀연히 세상을 떠나 원대복귀를 하신 성자 마호메트께서 세상에 남겨주고 가신 제이드, 팔마르(제3장) 중에 있는 내용의 말씀이다.

"내 놀라운 권능의 영원한 지지자, 성스럽고 찬란한 알리, 모라드, 엘시드 아몬, 이 시민들을 굽어 보사 나의 이름으로 저들을 인도하소서. 진리가 승리할 것을 약속하시고 또한 훈계하소서. 나의 알라(하나님)을 경배케 하되, 또한 두려워하게 하소서."

바로 그것이었다. 이 땅에 다신숭배시대를 마감하기 위해 보내심을 입은 7대 성현들의 목소리는 이렇게 한결같이 원주민들이 믿어온 기존의 자연신 숭배사상을 버리고 우주생명의 근본이 되는 대우주적인 하나님의 섭리와 이치를 바로 깨달으라는 것으로, 그 말씀이 영원히 변하지 않는 진리라고 했다.

그러한 성자 마호메트의 가르침이 '코란Koran' 경으로, 그 경전을 늘 가까이 하라고 하신 것이다.

그처럼 이 세상에 출현하여 삶의 발자취를 위대하게 남기고 세상을 떠난 마호메트의 행보는 후세의 역사학자들이나 철학자들이 정리한 신계의 사자로 보내진 선지자의 위치가 아니다. 그는 분명히 본체신 영대靈臺가 그 일가一家를 구성하고 있는 태초 빛의 하나님, 그 '일곱 영'에 속한 성자의 위치에서 이 땅에 출현하여 그 역사를 이루고 간 진리체 성자로 이슬람교의 창시자였다.

이슬람의 교리는 자연신들에 의해 창조된 물체인간을 태초 빛의 하나님과 통합시키고자 외치셨던 성자 예수나 마찬가지로 신에 대한 새로운 의식을 일깨워 주고자 함이다. 그 원리가 인간이라는 총체적 존재를 영혼적인 의미로 해석하고, 이름 없는 영적인 무형체의 성부聖父

하나님께서 계시하신 원리에 기준을 두고 인간 생활을 하라는 가르침이었다.

이러한 무슬림의 예배와 경배는 인간이 그러한 생활을 충실하게 할 수 있도록 마음을 다짐하게 하는 의식 수단이다. 그렇기 때문에 이슬람은 완벽한 생활 규범을 원하고, 또 인류의 복지에 헌신하는 새로운 사회를 창출하려는 노력을 하고 있다.

그러한 무슬림의 문화와 삶은 유대인과 그 조상의 뿌리를 같이하고 있지만 독특하게 다른 것은 유대 이스라엘 백성들은 선지자들이 오리라고 예언한 하나님의 아들 그리스도 예수를 그의 조상들이 부인하고 십자가에 매달아 처형했기 때문에 그리스도의 세계라는 신약복음을 인정하지 않고 있는 실태다.

그렇기 때문에 성자 예수께서 그 소명을 끝내고 부활승천을 해 버린 2000년이 지난 오늘까지도 성자 예수로 마감된 자연신 여호와 숭배의 구약만을 붙들고 선지자들이 예언한 구세주 메시아를 기다리고 있다는 것이다.

하지만 이슬람은 본체신 하나님을 '알라'라고 칭한 성자 마호메트의 논리 설법을 이해하고 받아들여 믿고 있는 실태로, 바로 여기에 종교와 그리고 문화의 차이를 보이고 있는 것이다.

이렇게 유대 이스라엘 백성들은 조상의 혈통뿌리를 같이하고 있는 이슬람과는 달리, 아직까지도 절대 능력자, 그 천주天主 하나님으로 믿고 있는 대상이 유대민족 창조주신에 국한된 여호와 신으로 그 믿음의 대상을 그처럼 달리하고 있다는 것이다.

하지만 같은 혈통으로 아브라함의 본처 사라에게 쫓겨난 계집종 하갈의 자손 이스마엘의 후손 아랍인들은 그들의 구세주인 성자 마호메트로 하여 '알라' 성부하나님을 알게 되었기 때문에 진리가 요구하는 것이 무엇인가를 깨달았다는 이야기가 되고 있다.

이렇게 성경 '요한 계시록'에 암시해 주고 있는 '하나님의 일곱 영'의 존체가 각자 독자 인격신으로 이 세상에 출현하시어 행하신 일이 바로 그 다신숭배시대를 마감한다는 시대변화의 가르침으로 그 전개 수순 단계의 이치였음이었다. 그와 같은 하나님의 섭리역사를 성경은 '로마서 8장 14~16절'에 분명히 기록하고 있다.

무릇 하나님의 영으로 인도함을 받는 그들은 곧 하나님의 아들이라. 너희는 다시는 무거운 종의 영을 받지 아니 하였고, 양자의 영을 받았으므로 아바 아버지라 부르게 되느니라. 성령이 친히 우리 영으로 더불어 우리가 하나님의 자녀인 것을 증거하시나니….

성령으로 이 세상에 독자 인격신으로 출현하신 성현들의 가르침이 바로 그 이치였음이다.

말하자면 성자 출현 이전에 인간의 생사화복生死禍福을 주관하면서 다스려오던 이름을 가진 자연신들은 태초의 성부하나님 지구라는 농사업장에 인간종자를 그들의 호흡으로 심고 가꾸어 온 하나님 종복從僕의 신분이라는 뜻이었다. 그들이 그 인간 '종자씨'들을 감시 감찰하며 주관하던 하나님 종의 시대가 성자 출현으로 마감되는 것이기 때문에 그 종의 굴레에서 이제는 벗어나라는 것이 성자들의 한결 같은 말씀이었다.

그 천도天道의 변화를 가르쳐 주고자 한 것이 '하나님의 일곱 영'으로 같은 아브라함의 자손이지만 계집종 이스마엘의 후손 아랍인들에게는 마호메트가 그 스승으로 출현하여 그와 같은 이치를 가르쳐 주었던 것이다.

하지만 아브라함의 본처 소생인 유대 이스라엘 백성들은 성자 예수를 성부하나님의 아들로 믿지 않고 처형해 버렸지만, 그러나 계집종 이스마엘 자손은 그 이치적이고 진실한 말씀을 받아들여 믿음으로 예배의 대상을 달리하게 된 것이었다.

그러나 성자 예수를 이단의 괴수로 내몰아 십자가에 매달아 처형해 버린 조상의 죗값을 이후 철저하게 치룬 유대 이스라엘 민족이었다. 그 조상들이 예수를 처형하게 하는 심판의 마당에서 '그 피를 우리와 우리 자손에게 돌릴지어다' 하고 망령되이 말했던 입술의 저주가 그대로 그 후손들에게 응해진 것이 바로 희대의 살인마 독일의 나치 히틀러로 하여금 그처럼 엄청난 피의 대가를 치루었고, 또한 오늘에 이르기까지 그것도 골육상잔으로 그 피의 대가를 치루고 있는 그 후손들이다.

하지만 그것이 하나님의 예정하신 비밀이었음을 예수께서는 다음과 같이 '로마서 11장 25:26'에 기록해 두고 있다는 사실이다.

'형제들아 너희가 스스로 지혜 있다 함을 면키 위하여 이 비밀을 너희가 모르기를 내가 원치 아니 하노라. 이 비밀은 이방인의 충만한 수가 들어오기까지 이스라엘이 더러는 완악하게 될 것이라. 그리하여 온 이스라엘이 구원을 얻으리라.'

그것이 바로 하나님의 비밀로 이스라엘 조상들이 그렇게 성자 예수를 배척하고 완악했던 것은 이스라엘 외의 이방나라 족속을 구원하기 위함이라는 성자 예수 예언의 말씀이었다. 그 조상들이 성자 예수를 이단의 괴수로 내몰아 십자가 형틀에 매달지 않았더라면 성부하나님의 뜻, 즉 부활하는 영원한 생명이 있음을 세상에 나타내 보일 수도 없었을 뿐만 아니라, 원수까지도 사랑하라는 성부하나님의 우주정신을 세상에 전파할 수가 없기 때문인 것이다.

그 섭리역사를 이루기 위해서 성자 예수는 그 본모습을 감추고 그처럼 낮고 천한 신분으로 태어났으며, 그것이 그 시대 관헌들이 알지 못하게 하는 하나님의 비밀로, 그처럼 보아도 보지 못하고, 들어도 알아듣지 못하게 했음을 예수께서는 '로마서 11장 7:9절'에 다음과 같이 또 예언적으로 말씀하시었다.

그런 즉 어떠하뇨. 이스라엘이 구하는 그것을 얻지 못하고, 오직 택하심을 얻은 자가 얻었고, 그 남은 자들은 완악하여졌느니라. 기록된 바, 하나님이 오늘날까지 저희에게 혼미한 심령과 보지 못한 눈과 귀를 주셨다 함과 같으니라.

바로 그것이었다. 성자 예수께서는 유대민족 선대의 완악함으로 운명적으로 십자가를 짊어지셔야 했었던 것이며, 그 성자 예수 십자가를 등에 업고 타민족을 정복하여 지배하기 위한 그들의 완악한 논리 궤변의 성서풀이가 오늘 그처럼 유대민족의 조상신 여호와를 성자 예수께서 '내 아버지'라고 지칭하신 태초의 천지창조 성부하나님으로 격상시켜 지구촌에 전파해 온 것이라고 할 수 있다.

그러한 실태가 서구에서 태동시킨 사상정복 무기로 그 역할을 해온 기독신학 논리조작의 형태다. 하지만 그 또한 이방민족에게 성자 예수 기독교의 정신을 널리 알리기 위한 하나님의 섭리역사로 볼 수밖에 없다.

성자 예수로 문이 열린 신약성서는 마지막 때에 그처럼 완악한 역할을 해 온 이스라엘을 나시 회복시켜 주겠다는 것이 그 예언이고 보면, 어쨌거나 같은 혈통뿌리 자손 이스라엘과 아랍인들이 오늘까지도 서로의 가슴에 총부리를 겨누며 골육상잔을 하고 있음 역시도 하나님의 비밀하신 섭리역사의 뜻을 세계 속에 나타내어 정리하기 위함일 것이다.

그렇기 때문에 모든 성현들께서 예언하신 처음과 끝이라는 하나님의 성공시대를 위해 이처럼 천기운행天氣運行의 파장이 정축正軸을 향해서 극하게 움직이고 있다는 이 말법시대未法時代에 지구촌 안에서 오늘을 살아가는 현생 인류는 유대 이스라엘 민족과 같은 혈족뿌리의 이슬람에 대한 이해를 할 필요성이 더욱 절실하게 요구된 적이 없다.

그래서 지구촌 각 씨족과 그 민족문화의 뿌리를 삽질하고 재조명해야 할 필요성이 여기에 있는 것이다.

그리스에 떨어진 소크라테스 불성

오늘날 세계적인 학자들이나 우리 모두가 철인哲人으로만 알고 있는 소크라테스다.

하지만 그의 탄생과 삶의 행적을 따라가 보게 되면 그 역시도 성현의 입지에서 그와 같이 시대변화의 가르침, 그 소명을 받고 그리스에 출현했음을 알게 해 준다.

소크라테스(BC 469~399)는 그리스에서 태어났다. 석조건축 일을 하던 아버지 소프라니스코와 신파였던 어머니 파이나레테 사이에서 출생하여 비교적 어려움 없이 어린 시절을 보냈다.

그의 교육과정이나 교육정도에 대해서는 구체적인 문헌의 기록은 없다. 다만 그의 아버지가 석공 또는 조각가였다는 것으로만 알려져 있다. 그는 정신적으로나 육체적으로나 비상한 소유자였다고 전해지고 있다.

당시는 두 차례에 걸친 페르시아의 침입을 물리치고 카르타고가 정복한 시기였다. 그래서 소크라테스는 전후 3회나 걸쳐 아테네를 위하여 병사로서 전쟁에 참가하기도 했다.

그는 명성을 원하지 않았고, 사생활을 지켜 사치와 호사에는 전혀 무관심했으나, 가끔 갑자기 정신적인 황홀상태에 빠져 그대로 명상을 계속하기도 했다고 한다.

남들은 그를 비범한 사람으로 보았지만 그러나 스스로는 그렇게 생각하지 않았다. 남들이 그렇게 보는 데에는 델포이의 신탁에 나타난 '소크라테스보다 더 유명한 사람이 없다' 라는 말 때문이기도 했다는 것이다.

그는 이 수수께끼를 풀기 위해 여러 사상가들과 만나 대화를 가졌다. 그러나 그가 구하는 의미에 있어서는 어떠한 지도자적 인물도 자기와 마찬가지로 무지無知하다는 것을 알게 되면서 그들의 무지를 깨우쳐 주는 것이 결국 자신의 사명임을 비로소 깨닫게 된 소크라테스였다. 하지만 펠레폰네소스(Pelopennesus) 전쟁이 일어나면서 그 패배와 더불어 관용의 정신을 잃어버린 당시의 사람들에게는 반감을 사게 된다.

그의 비판적 언론은 전쟁과 혁명에도 비난을 받았으며, 또 국가가 인정하는 신을 부정하고 그러한 사상으로 청소년들에게 정신적으로 나쁜 영향을 끼치는 사람으로 주목되었다.

그러나 그는 이미 기존의 사상가들의 철학과 사상을 꿰뚫고 있었으며, 거기에 반론을 제기하는 그 언변이 뛰어나면서 그 대화법에 능했던 것으로 유명하다.

당시의 사상가들은 대개가 인간생사의 이치를 모르는 회의론자들이었다. 여기에 소크라테스는 자기 자신의 혼魂을 소중히 여겨야 할 필요성을 역설하며, 자기 자신에게 있어 가장 소중한 것이 무엇인가를 물어, 거리의 사람들과 이러한 대화를 나누는 것으로 일과를 삼았다. 이러한 소크라테스의 의식은 시민의 도덕의식을 개혁하는 일에 주력했다.

소크라테스의 표어인 '너 자신을 알라'는 이 말은 델피의 아폴로 신전에 있던 문장이다. 이 같은 말은 서로가 참된 '나' 자아성찰自我省察을 통해 나의 실체를 바로 알자는 말이다. 나를 아는 것이 곧 우주의 본질을 알게 되는 것이기 때문이다.

이와 같이 서로가 참된 '나' 자신의 본질을 먼저 자각하는 인식에서부터 비롯되어야 한다는 것으로 그래야만이 실천적 능력의 덕을 쌓을 수 있게 된다는 말이었다.

이러한 소크라테스의 사상은 '나'의 실체를 알게 됨으로써 우주가 나와 동떨어진 것이 아닌 하나로 곧, 내가 우주의 주인공이라는 주체의식이다.

그러한 이치가 유대 땅에 출현하신 성자 예수께서 너의 의식이 진리의 말씀으로 생명의 본질을 알고 거듭남을 입었을 때 대우주적인 하나님과 일체관계가 되는 '소우주'라는 것과 동일한 맥락으로, 기존의 사상을 뒤엎는 바로 종교 혁명일 수밖에 없었다.

특히 서구 기존의 종교사상은 신과 인간은 어디까지나 동떨어진 주종主從의 개념이다.

그런데 인간이 우주생명의 본질과 연결고리를 잇고 있는 생명체라는 그 자성을 깨닫게 되면 신과 인간이 분리체가 아닌 일체로 그 능력 행사를 할 수 있다는 소크라테스의 논리였고 보면, 앞서 출현했던 성현들 모두가 그 같은 논리에 냉대를 받아왔듯이 그 정당성을 인정받지 못했던 것은 마찬가지였다.

기존의 서구사상은 신은 의롭고, 그로 비롯된 피조물 인산은 생각 자체가 불완전한 의식으로 어디까지나 '죄인'이라는 고정 관념의 틀에 묶여 있는 것이 사실이다.

그렇기 때문에 어떻게 피조물 인간이 성현들과 같은 의인의 반열에 들어갈 수 있느냐고 고개를 흔드는 실태다. 그런데 그런 의식에서 벗어나 '나'라는 생명의 본질, 그 자성自性을 깨달았을 때, 인간피조물 그 창조신과 주종主從의 관계에서 해방되고 비로소 영혼 자유함을 얻게 된다는 것이 성현들의 가르침이었듯이 소크라테스 역시도 마찬가지였다.

그 논리 자체가 사회에 물의를 일으킨다 하여 그는 마침내 아테네 법정에 고발되었다. 그리고 최후의 독배를 마시기까지 인간의 무지를 깨우쳐 주는 것이 자신의 소명처럼 말해 왔다. 그러한 성자 소크라테스의 삶은 오직 인간의 무지를 깨우치려는 일념에만 몰두하면서 그것이 자신의 소명처럼 말해 왔기 때문에, 당시의 사람들로서는 그의 사고思考를 이해할 수 없는 것은 당연했다. 그래서 현재까지도 그를 그리스가 낳은 철학자 그쯤으로 말하고 있는 것이다.

소크라테스의 용모는 또한 보통사람과는 다르게 코는 주먹코였으며, 입술은 튀어나왔고, 배는 불룩 튀어나온 데다가 행색은 꾀죄죄했으며, 맨발에다가 수염은 더부룩했다고 한다.

그러나 그와 토론을 하고 나면 그에게는 이상야릇한 매력이 있었다고 한다. 그래서 그를 다만 철인哲人 쯤으로 그렇게 심상하게 평가되고 있지만, 그는 우리가 알고 있는 철인이라는 그쯤의 인물이 아니었다. 원천의 진리, 그 성자의 위치에서 천도의 섭리, 그 일부분을 전해 주기 위해서 이 세상에 출현하여 '너 자신을 알라!' 는 그 외침이었다.

그 의미가 바로 우주 영혼의 본질과 연계되어 있는 대자연의 신계, 그리고 그와 고리를 잇고 있는 인계가 '한 틀' 속에서 운행되고 있음을 자각하여 깨우치라는 엄청난 의미가 함축되어 있는 것으로, 결국 인간이 신이 될 수 있다는 의미를 내포해 주고 있음이다. 그와 같은 뜻에서 소크라테스는 행운의 여신이 있다고 믿는 사람들을 향해서 이렇게 말했다.

"행복을 자기 자신 이외의 것에서 발견하려 하고 바라는 사람은 잘못 된 사람이다."

바로 그 이치였다. 어느 시대나 마찬가지로 인간들은 신이 행·불행을 날라다 주는 것으로 알고 꿇어 엎디어 두 손을 모으고 빌어오는 형태다.

그러나 성현들의 가르침은 그것이 아니었다. 석가 성자의 인과응보 因果應報의 윤회설이나, '너희가 심는 그대로 거두리라' 하신 성자 예수의 말씀이나, 행·불행은 인간의 몸을 움직이게 하는 각 사람, 그 마음의 생각에 따라서 만들어진다는 가르침이었다.

그런데 그와 같은 소크라테스의 외침은 그 시대 기존의 사상가들이나 일반 시민들이 볼 때, 그는 괴이한 논리를 펴는 '이단자' 로 볼 수밖에 없었다. 그처럼 야릇한 궤변으로 사람의 정신을 혼미하게 미혹시킨다는 것이 아테네 법정에 고발된 그의 죄목이었다.

그렇게 당시의 사람들은 성자 소크라테스를 괴이한 논리나 펴내는 철인쯤 간주했고, 오늘에 이르기까지도 그를 그렇게 평가해 오고 있다.

하지만 그와 같은 평가는 어디까지나 그 가르침의 주제가 성현의 입지에서 우주섭리의 이치를 가르치고자 했었음을 모르기 때문이다.

소크라테스가 거리에서 시민들에게 했다는 말이나.

"현재의 생활이거나, 미래의 생활, 그 어느 것에 있어서나 자기 자신 이외의 것에서 행복을 얻으려는 사람은 그릇된 사람이다. 불행을 겁낼 때 당신은 이미 불행하다. 불행을 당해야 할 사람은 영원히 불행을 겁내고 있는 사람이다, 라고 나는 생각한다. 잘 되겠다고 노력하는 그 이상으로 잘 사는 방법은 없으며, 그리고 실제로 잘 되어간다고 느끼는 그 이상으로 큰 만족은 없다."

그리고 덧붙여 말했다.

"이것은 내가 오늘을 살아오며 경험하고 있는 행복이며, 그리고 그것이 행복인 것은 내 양심이 말해 주고 있는 것이다."

소크라테스의 이 말은 기독교 스승 예수께서 '천국이 여기 있다, 저기 있다 하지 말라. 천국은 너희 마음에 있느니라' 하시고 이어서 하신 말씀이 '하나님은 손으로 지은 전에 계시지 않으시니 너희 마음을 성전 삼고 기도하라. 그것이 하나님께서 기뻐하시는 산제사니라.'

그 이치와 조금도 다를 것이 없는 말이었다. 그처럼 성현들의 가르침은 신은 각자 그 마음자리에서 만나볼 수 있다는 것으로, 그와 맥을 같이하고 있었던 소크라테스의 외침이었다. 그러고 보면 손으로 지은 성소를 거룩하게 보고 그곳에 가야만이 신을 만날 수 있다고 생각하는 당시의 회색론적인 신비주의자들에게는 당연히 찬물을 끼얹는 격이 될 수밖에 없는 일이다.

이렇게 시대와 나라를 달리하고 출현했던 성현들의 가르침은 그들이 숭배해 왔던 기존의 신에 대한 관념에서 완전히 벗어나도록 해 주기 위한 가르침이었다. 그래서 시대의 이단자로, 혹은 철인이라고 더러는 말하지만, 그것은 그 원리를 깨닫지 못한 우리 인간들의 짧은 생각에서 비롯된 것이다.

소크라테스는 자기 자신을 확실하게 파악하는 데서부터 그 행복은 내 안에서 발견하게 되는 것이기 때문에 행복의 기준을 남에게 두지 말라고 했다.

그것은 그 사람의 행복의 기준인 것이고, 내 자신의 기준치가 될 수 없다는 것으로, '스스로를 까마득히 모르면서 어떻게 행복이란 것을 불러들일 수가 있겠는가'라고 말했다.

열심히 노력해서 부富를 이룬 사람이 있었다. 주위에서는 그 사람을 칭송했다. 그때 소크라테스가 말했다.

"부유한 사람이 그 부를 자랑하고 있다 손치더라도 그가 부를 어떻게 쓰는가를 알기 전에는 그를 결코 칭찬해서는 안 된다."

부자는 열심히 노력해서 부를 이룬 것이 틀림이 없다. 그는 거기에 소망을 두고 그 일하는 즐거움이 있었기 때문이다.

사람은 누구나 일을 가지고 있다. 일은 사람과 함께 하는 것이고, 사람은 또 그 일과 함께 살아간다. 그것은 비단 사람뿐이 아니다. 개미도 본능적으로 끊임없이 무엇인가 먹이를 찾아 물어 나른다. 그것이 개미의 일이며 삶이듯이 꿀벌은 꽃에서 당분을 실어 날라다 줌으로써 사람들을 기쁘게 해 준다.

이렇게 모든 생명이 있는 것들이 각자가 해야 할 일이 있고, 거기에 열심하고 있지만 더불어 유익하게 할 수 있는 것, 그것이 과연 칭송을 들을 만한 보람된 삶이었느냐? 그 인식을 바로 하라는 소크라테스의 말이었다.

"사냥꾼은 개로 토끼를 잡지만, 아첨하는 자는 칭찬으로 우둔한 자

동방의 빛 KOREA를 밝히다

를 사냥한다."

주위의 칭찬을 결코 즐거워하지 말라는 말이나. 그리고 또 생활 속에서 인간이 행해야 할 도리가 무엇인가를 가르쳐 말해 주었다.

"아, 나의 아들이여. 네가 만약 부모의 은혜를 느끼지 않는다면 너의 친구가 될 사람은 아무도 없다. 왜냐하면 부모의 은혜를 모르는 사람에게는 친절을 베풀어도 아무 의미가 없음을 알기 때문이다. 부모가 자식을 위하는 정성은 참으로 끝이 없다. 이 은혜를 모르는 자가 어떤 누구의 친절을 가슴에 담아 두겠는가?"

그러나 이 세상에는 그만한 도리를 아는 친구가 없음을 어떤 일을 통해서 말했다. 소크라테스가 집을 세우고 있었다. 가난했던 만큼 아주 협소한 모양의 집이었다. 지나가던 사람이 그를 보고 말했다.

"당신 같은 분이 이렇게 조그맣고 갑갑한 집을 짓고 있습니까?"

소크라테스가 말했다.

"이 집을 채울 만한 진정한 친구가 있기를 바랄 뿐이요."

그것이었다. 친구라는 것도 대개의 경우 그 이해타산의 욕심과 함께 왔다가 사라지기 때문에 진정으로 눈에 보이지 않는 가슴을 주고받을 만한 친구가 얼마나 되겠느냐고 하는 말이었다.

친구를 찾아내기란 그만큼 힘들다는 말이다. 친구란 어울리게 되면 자기도 모르는 사이에 그 사람의 영향을 물질적이든 정신적이든 입게 된다는 것인데 소크라테스는 물질적으로 가진 게 없었다. 그러나 정신적 지식을 무한하게 소유하고 있었다.

하지만 사람들은 보이지 않는 지식보다는, 물질적 나눔의 이익을 크게 보고 먼저 계산하기 때문에 그 조그만 집이라도 채울 만한 친구가 없다는 고독을 그렇게 말하고 있었던 것이다.

하지만 인간의 육신이 공기를 필요로 하는 것처럼, 정신은 지식을 필요로 한다고 했다.

이 말은 인간 육신이 식물을 필요로 하여 성장하듯이, 인간정신은 진리라는 영혼의 양식을 필요로 하여 성숙되기 때문에 그 이치를 안다는 지식만큼 큰 재산은 없다고 말했다.

소크라테스 주위는 주로 풋풋한 젊은 청년들이 많이 찾아왔다. 그들은 신비주의 회의론적인 기존의 사상을 뒤집어엎는 소크라테스의 논리 전개가 오히려 현실적으로 더 타당성이 있다고 생각되어졌기 때문일 것이다.

그러한 젊은이들의 연구와 주제는 사회 현실의 문제로 정치가는 아니지만 소크라테스 설법의 주제는 젊은이들을 상대로 정당한 논리만을 주장하고, 정도에서 어긋난 불의에 대해서는 직선적으로 그 옳지 않음을 반박했다. 적당한 타협을 용납지 않은 것이다.

그 논리 사상은 보편적 진리, 절대미絶對美, 절대선絶對善를 인정하고 거기에 도달하기 위한 방법으로 기존의 사상을 분석, 비교, 반증종합 등의 방법론을 제시함으로써 사람들의 머릿속에 명확하지 않았던 어떤 것의 실체를 스스로 깨닫게 해 준다는 사실이었다.

그와 같은 소크라테스 논리전개에 수많은 젊은 제자들이 모여든 것은 당연한 일이었다.

대개가 기존의 사상에 때 묻지 않은 젊은 층이었다. 그 중에 대표적인 사람이 플라톤과 알카바이테스, 크세노폰, 디오게네스 등이다. 그들은 우주의 원리를 묻곤 했는데, 말하자면 자신과 자기 근거에 대한 물음이 철학적인 주제가 되었다.

그런 의미에서 소크라테스는 인간 정신 내면이라는 영혼의 차원,

즉 자기를 지탱하고 있는 보이지 않는 세계, 곧 형이상학의 시조라고 할 수 있다.

그러한 관념의 세계 주제들은 외부와 내면의 틈을 통해 개시開示되는 근원의 문제를 철학적 관심을 중심으로 그 생生과 사死의 증거를 가지고 정착시킨 것으로 서양 철학자들의 허무 주위에서 진보한 실존적 빛의 세계로 한 걸음 다가갈 수 있는 그 길을 열어 준 스승이었다.

이것이 성자 소크라테스가 펴는 '실존의 본질적 계기' 그 논리였다. 이러한 논리를 펴는 그에게 그들 기존의 숭배신을 무시하고 새로운 이름이 없는 악신을 끌어들인다는 것이 그 한 편에서 비난하는 목소리였다.

그 배경에는 펠로폰네소스의 전쟁에서 패배한 아테네 국민들의 좌절과 실망이 있었기 때문이다. 군사력은 땅에 떨어졌으며, 무역은 중단되었고, 거기에다가 전염병, 기아, 내전 등으로 국민들은 녹초가 되어 있었다. 그 좌절과 실망을 달래줄 희생양이 필요했다고나 할까?

그러한 상황 그물에 반역자 알키비아테스와 가까이 지냈던 소크라테스가 걸려든 것이다. 알키비아테스는 소크라테스가 처음 전쟁에 참가했을 때 어떤 위기에서 그의 목숨을 구해 주었다. 그것은 431년에 일어난 일이었다. 당시 소크라테스는 40세였다. 하지만 기민하고 용감한 군인이었다.

이때 그로 하여 위기를 모면했던 알키비아테스가 이후 뛰어난 야전 사령관이 됐고, 정치가가 되면서 아테네의 영웅이자 총아가 되었다. 그러나 정치라는 것이 그렇듯이 알키비아테스는 어느 순간 야비한 배반자라는 질타를 받게 되면서 도주해야만 했다.

그와 남다른 우정의 친분을 맺고 있던 소크라테스가 여기에 영향을 입게 된 것이다.

　그만큼 소크라테스가 그 보이지 않는 정신적 힘은 그 입지적 위치를 차지하고 있었던 것으로, 406년 프리탄으로 선출되기도 했다. 말하자면 '500인 평의회'에서 지도적인 위치를 차지하고 있었던 것으로, 그 당시엔 불공정한 처형이 빈번하게 일어났다. 전쟁의 뒤끝이었기 때문이다.

　소크라테스 역시 몇 번의 그러한 위험이 있었다. 그러한 불공정한 처사에 과감하게 저항하고 나선 소크라테스였다. 그런 직후 민주주의는 가차 없이 제거되었다.

　30인 독재자 도당이 발호했기 때문이다. 그러나 생명의 위험을 받으면서도 소크라테스는 민주주의 신봉을 공언했다. 그와 같이 정당성을 주장하는 소크라테스의 고집은 대단했던 것으로 집요한 성격의 소유자로 악명을 떨치게 되었다.

　이때 군부 독재정권의 주모자였던 크리티아스는 소크라테스를 따르던 무리 중의 한 사람이었다. 그러한 인연으로 소크라테스와 밀접한 관계를 맺었던 두 명의 가증스런 정치가는 그의 영향력을 시기할 이유를 충분히 가지고 있었던 것인지도 모른다. 소크라테스의 비판적 언론은 그 전쟁에 패할 수밖에 없는 원인으로 소크라테스가 말하는 사상혁명에도 책임이 있다는 것이었다.

　말하자면 국가가 인정하는 신(여호와)을 부정하여 경배하지 않고, 오히려 새로운 이름 없는 악마적인 존재를 끌어들여 그러한 나쁜 사상을 젊은이들에게 심어 젊은이들의 영혼을 타락시킨다는 비난이었고, 그것이 죄목으로 멜레토스의 이름으로 아테네 법정에 고발되었다.

소크라테스는 국가가 승인한 신을 모욕한 '불신자'로 그러한 소크라테스의 사상을 젊은이들에게 주입시켜 왔기 때문에 전쟁에서 패하게 된 원인이라는 것이었다.

그러나 그들이 해괴한 논리라고 고발한 소크라테스의 사상은 그 어느 하나도 바름의 이치에서 어긋남이 없었기 때문에 그의 변론의 첫째 부분에서 꽤 많은 판사들을 사려 깊게 만드는 데 성공했다. 501명의 배심원이 표결한 법정에서 단지 30표 차이로 그가 유죄 판결을 받았던 것으로, 이때의 소크라테스 나이 70세에 가까웠다.

소크라테스를 고소한 사람들은 아니토스, 멜레토스, 리콘 등 세 사람이었다.

그들은 한때 소크라테스의 추종자로 사실 고소한 대로 소크라테스의 죽음을 원한 것이 아니라, 도시에서의 추방을 원했다. 도시에서 추방되면 더 이상 국가에 해를 끼칠 수 없을 것이라고 생각했기 때문이다.

소크라테스가 아테네에서 일자리를 가진 적은 한 번도 없었다. 아버지로부터 물려받은 석공이라는 소박한 직업을 집어 던지고서, 날이면 날마다 아테네의 거리와 광장을 쏘다니면서 그 아내의 말대로 현실적이지도 못한 흰소리나 늘어놓고 다니는 것이 그의 일과였다.

소크라테스는 시민들에게 질문하고, 그 발언의 타당성을 증명하기 위해 길게 논쟁하는 것을 일과로 삼았던 것으로, 이것이 바로 소크라테스의 '대화'였다.

이 세상 어느 아내가 허구한 날, 그 일만을 반복하고 있는 그러한 남편을 존경할 리가 없다. 그런 면에서 볼 때, 소크라테스의 아내가 본래부터 악한 여자가 아니라, 어쩌면 소크라테스가 그런 분위기를 만들어 준 것이라고 할 수 있다. 사람들은 소크라테스하게 되면 그의 악처 크산티페를 떠올리게 된다. 그처럼 현실과는 동떨어지게 살아가는 남편에게 크산티페는 불만이 있을 때마다 번번이 물세례를 주곤 했다.

그 물벼락을 맞는 소크라테스는 노여워하지를 않고 오히려 이렇게 말했다.

"허허… 천둥이 그리 치더니 기어이 소나기가 퍼붓는군!"

천둥은 크산티페의 잔소리였을 터이고, 소나기란 그녀가 퍼붓는 물세례였을 것으로, 그 악처에게 매일같이 시달림을 받아야 했던 소크라테스를 아는 제자들이 훗날 그 크산티페에게 결혼을 해야 옳을 것인지, 안 해야 옳을 것인지를 물어보았다. 그러자 그녀는 다음과 같은 말을 남김으로 유명해졌다.

"결혼하거라. 좋은 아내를 맞으면 행복해질 것이요, 나쁜 아내를 얻는다면 철학자가 될 것이다."

이러한 크산티페를 무조건 악처라고 말할 수는 없다. 이 세상 어떤 여인도 소크라테스 같은 남편을 만났다면 그처럼 행동하지 않을 여자가 없기 때문이다. 소크라테스는 아들 둘을 가진 가장이었다. 그런 가장으로서 가사는 돌보지 않고 거리나 쏘다니며, 그렇다고 소피스트들처럼 수험료를 받는 것도 아닌 것이고 보면, 남편에 대한 불만이 쌓이는 것은 당연한 일이다.

그래서 매일 잔소리를 늘어놓게 되면서 '악처' 라는 명성을 얻게 되었지만, 소크라테스가 독배를 마시고 세상을 떠나자 그의 발아래 엎드려 통곡을 했다는 것이고 보면, 악처로서의 명성은 소크라테스가 가져다 준 그 궁핍이 원인이 된 것이라고 할 수 있다.

그처럼 생활에는 전혀 무관심했던 소크라테스가 그 어떤 야망이 있었을 턱이 없다.

그래서 한 번도 아테네 도시에서 떠나본 적도 없어, 떠날 생각조차도 없는 그가 고발을 당하고 추방을 당해야만 한다는 것은 그만큼 그에게는 특히 젊은이들이 존경하고 따를 수밖에 없는 그 어떤 신선감이 있었기 때문일 것이다.

이것이 기존의 사상을 주장하는 온건파들이 못마땅해 하는 원인이기도 했다. 소크라테스를 구명하기 위해 그의 제자 플라톤이 많은 노력을 했다. 그는 명문가의 자제였다. 그를 넓고 깊은 철학의 정신세계로 안내한 사람이 소크라테스였다.

플라톤은 어려서부터 음악과 스포츠, 그리고 미술과 희곡, 시 등 모든 방면에서 그 재능을 보여 왔다. 그런 그가 인생의 결정적인 전환점을 맞게 된 것이 20세 때 소크라테스를 만나 그 문하생이 되면서부터였다.

이후 그의 사상은 스승인 소크라테스의 영향을 받아 '이데아(Idea)론' 이라는 대표적인 학설로 대변된다. 이것이 플라톤 이후 유럽의 철학적 주류가 된 관념론의 기초를 확립하게 되면서 관념변증법의 시조 자리를 굳히게 된 플라톤의 철학은 스승의 영향을 입어 우리가 눈에 보이는 현상계는 신의 의지, 그 이데아 세계의 반영에 불과하다는 즉, 현상계와 이데아가 대립하는 이원론이다.

그래서 소크라테스는 한 권의 저서도 남기지 않았지만, 철학을 하늘에서 지상으로 데리고 온 서양 '철학의 아버지'로 불린다. 그 스승의 법정 고발에 구명을 나서는 플라톤이었다. 하지만 그 수고에도 그의 기대는 무너졌다.

소크라테스 역시 자신을 변명했지만 아무 소용이 없이 유죄 판결을 받았다. 법정은 소크라테스에게 원고인 멜라토스가 요구한 사형의 대안, 즉 자신에 대한 판결을 내리도록 했다. 법정이 처벌을 규정한 것이 아니라, 법정은 멜라토스와 소크라테스의 유창한 '변명'을 들은 다음 이어 투표를 실시했다. 281대 220으로 소크라테스의 유죄를 인정했다.

소크라테스는 표가 막상막하인 사실에 놀랐지만, 그러나 판결을 유감스럽게 여기지는 않는다고 말했다. 만약 30표만 더 그를 지지해 주었더라면 소크라테스는 무사히 법정에서 빠져 나올 수 있었을 것이다.

유죄가 인정된 이상 다음 문제는 멜라토스가 요구한 사형의 대안으로 소크라테스 스스로 제시할 형량이었다. 그는 사람들을 기쁘게 할 수 있는 방법은 시청에 자유의회와 집회소를 두는 것이라고 대답했다. 자비를 호소하지 않았다.

그러나 자신이 그 누구에게도 해를 입히지 않았다는 것을 확신하게 해 주었다.

평생을 아내의 벌이에 의존하고 가난하게 살아온 소크라테스에게는 벌금을 낼 돈이 없었다. 물론 벌금 30미나를 내는 일이라면 친구 크리톤, 크리토블로스, 아폴로도로스를 보증인으로 세우겠다고 제안했다. 또한 추방이라는 처벌도 있었지만, 그 나이에 마땅치 않다고 대답하고, 자신에게 주어진 좋은 삶을 영위하고 싶다고 말했다. 좋은 삶이란 이전의 그대로 살아가는 것이었다.

소크라테스는 자신이 진리라고 생각한 것을 물어오는 사람들에게 대화를 멈추어야 되는 것인지를 물었다. 만약 자기가 이제부터 말하지 않는다고 해도 누가 믿어주지 않을 것이며, 그러한 삶은 살아있을 의미가 없음을 표명했다.

"아테네 시민 여러분, 내가 늙어서 아테네를 떠나서 가는 도시에서 번번이 쫓겨나면서 나의 삶을 근근이 부지한다면, 그것은 나로서는 다행일지 모르겠습니다. 내가 어디를 가든지 젊은이들이 여기에서처럼 내 말에 귀를 기울일 것입니다. 내가 그들을 물리치면 그들은 나를 모함하는 소문을 늙은이들한테 퍼뜨리면서 나를 쫓아낼 것입니다. 내가 그들을 물리치지 않으면 그들 아버지나 친척들이 나를 몰아낼 것입니다."

소크라테스는 이처럼 가벼운 형량이 내리지 않을 것을 자기 탓으로 어쩔 수 없는 일이라고 말한다. 고귀한 요구 즉 자신이 말하는 전능자 오직 빛나는 '다이아몬드'의 진리를 따라야 하는 자의 의식 때문에 사형을 대신하여 추방형을 제안한 것이 아니라, 오히려 처벌 대신 이전에 다만 올림픽 우승자, 국민의 총아, 승리한 장군에게만 부여되었던 높은 명예를 요구한다.

그러다가 종국에 가서야 벌금형에 동의하려고 했다. 그러나 그러한 변론은 결과적으로 크게 감동을 주지 못했다.

법정은 다시 회의를 소집했고, 그 회의 끝에 소크라테스에게 사형이 판결되었다.

그러나 소크라테스는 조금도 당황한 빛을 보이지 않았으며, 자신에게 불리한 판결을 내린 사람들에게 불만을 표시하지 않았다. 그리고 다만 이렇게 말했다.

"너희들이 인간을 죽임으로써 너희들의 왜곡된 행동방식을 저지할 수 있다고 생각한다면 그것은 잘못된 생각이다. 최상으로 가장 간단

한 방법은 다른 사람을 억압하는 것이 아니라, 가능한 한 자신이 선하게 되는 것이다."

여기에서 소크라테스는 죽음을 피하는 것보다 악을 피하는 것이 더 어려운 일이라고 했다.

그리고 만약 사람을 죽여서 비난을 막을 수 있다고 생각한다면 오산이라고 말했다. 그래서 자신은 몇 번이라도 기꺼이 죽을 것이며, 죽으면 율리시즈나 호머처럼 먼저 죽은 사람을 만나는 기쁨을 맛볼 것이고, 그곳에서 영원한 행복을 누릴 것이라고 말했다. 그리고 덧붙인 말이다.

"그곳에서는 질문을 했다고 사형시키지 않을 테니까!"

그 말을 하고 피고석을 떠나면서 말했다.

"이제 갈 시간이 되었다. 나는 죽고 그대는 살 것이다. 누가 더 나을는지 아무도 모른다."

그야말로 부당한 일을 행하느니 차라리 부당한 고통을 당하는 편이 더 행복할 것이라고 말한 소크라테스는 '악법도 법이므로 따라야 한다'는 말을 남기고 아무 거리낌 없이 법정을 뒤로 했다.

사형이 집행되던 날이었다. 친구들이 감옥에 있는 소크라테스를 찾아왔다.

그들은 소크라테스가 감옥에서 도주할 수 있도록 도와주려고 했지만 거절을 했다. 그에게 있어서는 법 준수, 경건성, 진리가 사회에 대한 비판과 양심에의 복종, 그 어느 것 하나도 소중하지 않은 것이 없었기 때문에 그것들이 하나라는 것을 실천으로 보여주고자 한 것이다.

소크라테스의 도주를 도와주려고 했던 그들은 해가 질 때까지 함께 있었다.

그런데 간수를 더욱 감동케 한 것은 그들은 그 순간까시도 인간 영혼, 그 진리의 본질에 대해서만 이야기를 나누는 모습이 전부였었기 때문이다.

그리고 어느만큼 시간이 지나자 소크라테스는 옆방으로 가서 목욕을 하고 다시 친구들에게 돌아와 두 아들과 집에 있는 식구들의 면회를 요청했다.

이때쯤 간수가 와서 시간이 다 됐다고 말하고, 예의를 지켜준 것에 감사하다고 말하면서 눈물을 흘리며 돌아섰다. 그 간수를 보면서 소크라테스가 친구들에게 말했다.

"아주 좋은 사람이구먼! 나를 위해 눈물을 흘리다니, 자! 이제 그의 말을 따르자구."

그리고 소크라테스는 감옥의 소년을 불러 독약을 가져오라고 말했다.

친구들은 아직 해가 지지 않았으니 서두를 것이 없다고 했다. 그러자 소크라테스는 조금 늦게 독약을 마신다고 달라질 것은 아무것도 없다고 했다. 그리고 소년이 날라 온 충분한 양의 독약을 서서히 마시면서 말했다.

"이승에서 저승으로 가는 길에 행운이 있기를…"

친구들은 더 이상 참지를 못하고 눈물을 흘렸다. 그것을 본 소크라테스가 말했다.

"이 무슨 장면인가!"

그리고 친구들의 울음을 삼가시켰다.

"나를 놀라게 하는구먼! 이렇게 할까 봐서 여자들을 보낸 것인데 엄숙한 침묵 속에 죽음을 맞아야 한다고 들었네, 조용히 참게나."

그 말을 하고 소크라테스는 지시를 받은 대로 이리저리 걸어다녔다. 독이 온몸에 퍼지고 더 이상 걸어다닐 수 없게 되었을 때쯤 소크라테스는 얼굴에 덮인 덮개를 벗고 크리톤을 불러서 속삭였다.

"크리톤, 아스클레오피스에게 수탉 한 마리 바쳐야 하잖는가, 꼭 잊지 말고 해 주게나."

그가 말한 닭은 아스클레오피스 의술의 신에게 대한 감사의 헌물이다. 의술의 신, 아스클레오피스를 신봉하는 사제들은 독미나리의 독즙을 치료에도 이용했다고 한다.

그래서 닭의 등장은 신의 광휘가 나타난 것을 암시하기 때문에 아폴로는 그 날을 포고한 것이라고 한다.

그런데 잡다한 미신적인 것에 매달려 왔지만, 소크라테스는 그것을 부정해 왔던 것으로, 그 죽음의 순간에도 그 신, 아스클레오피스를 부정해 보이는 일종의 조롱 같은 것이라고나 할까?

이것이 결코 갚을 수 없는 그의 부채로 빚이었다는 말일 게다. 그러한 소크라테스의 진의를 얼마나 이해를 할 수 있었던 크리톤이었을까?

"꼭 그렇게 하지."

그렇게 대답을 하고 다시 그의 얼굴에 입을 가까이 대고 말했다.

"더 할 말이 있는가?"

소크라테스는 아무 말이 없었다. 숨을 거둔 것이다.

그렇게 마지막 숨을 거두는 순간까지도 소크라테스는 진실된 자세를 견지했으며, 그럼으로써 진리가 자유에 이르는 길이 어디에서 시작되어 있는지를 세상에 보여주고 떠났다.

그의 제자였던 플라톤과 알키바이테스는 그 스승 소크라테스에 대해서 그리스도 성자 예수의 제자 사도들처럼 많은 서서로서 그 스승의 사상을 술회했다.

특히 유명한 플라톤은 소크라테스를 회고하며, '소크라테스'와 같은 시대에 태어나게 된 것을 신에게 감사드린다고 말함으로써 스승에 대한 최고의 경의를 표했다고 한다.

그래서 플라톤의 저서 철학적 희곡 《플라톤의 대화편》《에우추풀론》《소크라테스의 변명》《크리톤》《파이돈》《향연(Symposoion)》등 여러 작품 속에는 소크라테스의 숨결이 성자 예수 제자들이 편저한 신약성서나 마찬가지로 그대로 그의 호흡이 살아 있는 것이다.

그처럼 그리스가 낳은 철학자의 대부로만 알려져 있는 성자 소크라테스는 모든 철학의 근본이 되는 우주 본질을 가르쳐 주기 위해 그 시대에 태어났던 세계 7대 성현 중의 한 사람이었다. 그의 최후는 성자 예수 다음가는 심판의 모습을 보여준다.

이렇게 이 땅에 사람 '이룸'의 가르침, 그 도의 맥을 각기 독자적 인격신으로 출현하여 그 역사를 이루고 간 '하나님의 일곱 영' 그 성자들을 우린 세계 7대 성현이라고 말한다. 그 성자들은 피조물인 우리가 믿어야 할 진리, 태초의 하나님은 이름이 없는 무형체로 오직 한 분임을 말했다.

그러나 이제까지 인류는 그 진리의 원천을 모르기 때문에 세계 7대 성현들이 근본 영계의 자리에서 일대사─大事를 인연으로 연결고리를 짓고 있는 북두칠성으로, 어둔 밤 길 잃은 나그네의 이정표가 되어 불을 밝혀 주는 그 칠성님이라는 사실을 모르고 있다. 그렇기 때문에 아직까지도 그 스승들을 놓고 뼘 재기를 하면서 열을 올리는 그 인식의 오류를 범하고 있는 것이다.

그처럼 물질의 모태이신 성모 하나님의 상징성인 그 자미성과 연결고리를 잇고 있는 그 북두칠성이 성서 '요한 계시록'에서 그처럼 인봉해 두라는 하나님의 비밀로 '일곱별과 일곱 금촛대의 사자 그 성령체'들이었음을 도무지 헤아려 보질 못한 때문이다.

그러나 오늘도 그 일곱 성현의 진리의 눈은 어두운 밤하늘에서 계절이 바뀌어도 그 자리가 바뀌지 않는 진리의 성자들임을 북두칠성으로 그 존체의 실상을 상징성으로 나타내어 깜박이고 있는 것이다.

그와 같이 하나님의 '일곱 영'이 물체 인간 영혼을 진화 성숙시켜 주기 위해 원천의 진리, 그 생명수의 진액을 사망이 왕노릇 하는 인간 씨종자 밭에 뿌려준 태초 빛의 하나님 그 분자적인 성자들이라는 그 비유가 예언적인 사답가寺畓歌에 '사답칠두문무성寺畓七頭文武星'이라고 했으며, 그 비밀을 신약 '요한 계시록'에 그처럼 인봉해 두고 있었음이다.

그리고 그처럼 '요한 계시록'에 성부하나님의 천지공사 말법시대에 백말을 탄 하늘 사람, 그 조화신단들을 거느리고 지상낙원을 건설하기 위해 강림하신다는 백보좌 하나님이다.

그 존체가 태초 물질의 모태이신 성모 하나님을 상징하는 자미성紫微星으로, 바로 그 북두칠성의 모체를 나타내주고 있는 '새벽 별'이라고도 했다.

그 칠성님의 모체가 아득한 그 옛날 하늘 사람, 천상의 신장선관 삼천의 무리를 거느리시고 물체인간, 그 시작의 동방 아시땅 백두대간에 하강하시어 백두민족白頭民族을 하늘 제사권祭祀權을 부여하시고 세우셨다는 바로 그 환웅천제桓雄天帝님이시다.

그 분이 세우신 배달나라가 신불神佛의 나라다. 그 조상신 환웅께서 말법시대에 이 동토에 다시 강림하시어 장막을 세우실 때에 하나님이 인봉하신 그 비밀이 열리게 된다는 것이 천도의 순행이라는 것이 모든 경전들이 암시하고 있는 그 예언이다.

이 얼마나 축복 받은 우리 배달한민족, 그 후예들인가를 다시 생각해 보게 해 준다.

개천성조 신불의 시대

환 웅천제님 일행은 완성된 인간지상주의를 목표로 물질계를 열기 위해 드디어 동방의 중앙 '아시땅'에 하강하시었다. 아시兒時는 처음 시초라는 뜻이다. 그러한 연유에서 지구 중심의 혈맥을 '중앙아시아'라고 했던 것이며, 배달민족 시원의 발상지를 '아시태백'이라고 했다.

태백太白이라고 했음에는 큰 의미가 부여되어 있다. '태백'이라 함은 태초에 '우주씨' 그 빛으로 만물을 형상화시킨 음양陰陽 조화주 하나님이 성부聖父와 성모聖母로, 쌍립적雙立的 태극太極의 관계를 이루고 있다. 그 상대성 태극의 위치에서 물질생명의 모태母胎이신 성모 '한울님' 께서 지구에 내려와 물질계를 열었음을 뜻하는 지명이다.

그 성모님의 존재를 우리 조상들은 하늘나라의 웅장하게 밝고 크신 생명의 빛을 크게 감싸안고 물질을 형상화시킨 백보좌의 성모聖母 '한울님' 이라고 하여 환웅천제桓雄天帝님이라고 했다.

그러한 어원語源의 연유에서 천상의 백보좌 환웅천제께서 지상으로 강림하신 땅의 지명地名을 백두산白頭山 한밝산太白山, 백산白山, 천산大山, 또는 삼신산三神山, 그 지명 모두가 밝고 크신 영계靈界의 환웅천제님이 하강하신 곳이라는 뜻을 담아두고 있다.

그러므로 이 '아시땅'은 우주의 모든 서기瑞氣가 고루 뻗어 있는 지구 중심혈맥의 땅으로, 세계 속에서 강이 발원하여 네 줄기로 흐르고 있는 곳은 유일하게도 백두산 천지못 밖에 없다.

여기에서부터 모든 물질계의 강이 발원하여 갈라지는 물줄기는 북으로 토문강, 동으로는 송화강, 남으로는 압록강, 서로는 두만강으로 그 수맥은 저 멀리 태평양으로 이어져 있는 지구 유일의 강의 원천源泉이라는 것이다.

이 아시땅에 물질계를 열기 위해 강림하신 환웅천제님께서는 이윽고 대자연을 관리 관장하게 하기 위해 태초에 빛으로 창조하시었다는 그 하늘 '사람' 신계神界들이나 마찬가지로 지극하신 조화기운으로 육신형태를 갖춘 모습으로 화하시었다. 그러나 그 모습과 위엄은 백보좌를 옹위하고 있는 천상의 사람 그 신명神命들과는 비교할 수가 없는 것이었다.

그러한 육신형태의 모습으로 지구에 첫걸음을 옮기신 환웅천제께서 한밝산에 도읍을 정하시니 이곳을 검벌 신시神市라 하였고, 나라이름을 배달국倍達國 또는 환국桓國이라 했으며, 이후 배달겨레 자손들은 조상 뿌리를 세워주신 환웅천제를 검벌환웅, 배달환웅이라고 했다.

처음 아시땅 한밝산에 도읍을 정하신 환웅천제께서는 보좌신명들 중에서 지적인 설계로 물질인간을 창조할 신장들을 둘러보시며 말씀했다.

"내가 너희들을 도와 인간창조에 생기를 불어넣어 주리니 앞전에 있었던 창조와는 좀 더 다르게 최선을 다하도록 하라!"

"성은이 망극하옵니다. 말씀대로 거행하겠나이다."

그로부터 신장 선관들은 바쁘게 술렁거렸다. 하늘에서 가지고 내려온 각종 식물의 종자씨앗을 뿌리는 선관들이 있었고, 각종 날짐승들과 새들을 그 종류대로 하늘로부터 가지고 내려와서 가꾸는 신들이 있는가 하면, 그 한편으로 지적설계로 물질인간을 창조하는 신장 등으로 각기 그 직분에 따라 바쁘게 움직였다.

그로부터 세상은 하늘나라 그림자 형상이라는 그 모형도가 동방의 아시땅에서부터 창설되기 시작했다. 산천에는 초목이 우거지고 각종 날짐승들과 새들이 지저귀며 아름다운 날갯짓을 하는 가운데 신장들의 호흡으로 창조된 처음 물질 인간 남자와 여자가 이윽고 생령이 되어 그 모습을 드러냈다.

그 한 쌍의 남녀를 불러 앉히고, 지극하신 눈빛으로 바라보시며 다독이시는 환웅천제께서 말씀하시었다.

"내가 이들에게 생기를 불어 넣으리라. 남자를 아반이라 하고, 돕는 배필 여자를 아만이라고 하리라. 자! 이제부터 너희들은 생육하고 번성하여 하늘의 뜻을 이 땅 위에 펼칠 환인천제님의 은혜로우신 천손 민족의 조상이 되리라."

환웅천제께서 처음 지음을 입은 남자와 여자를 '아반' 그리고 '아만' 이라고 했음은, 시초의 천지부모 그 버금가는 다음 자리라는 뜻에서 아亞자가 붙여진 것이다.

그렇듯 환웅천제님으로부터 하늘의 특별한 성은을 입고 창조된 배달겨레의 조상 아반과 아만이었다. 그렇기 때문에 그 자손들은 하늘 사람 신령들의 지적설계에 의해서만이 지구에 창조되어 어느 순간에 사라졌었던 고대 호모사피엔스 물질인간들의 형태와는 달랐고, 그 의식 또한 다를 수밖에 없었다.

환웅천제님께서 그들을 창조하게 하신 뜻을 말씀하시었다.

"내가 이들 후손들에게 하늘의 특별한 성은을 입고 태어난 천손들임을 허리 밑 엉덩이짝에 삼신반점을 붙여 보이리라."

그것이 바로 배달한민족 후손들이 태어나면서 엉덩이짝에 붙이고 나온 그 삼신반점으로 하늘 천손의 증표라는 것이었다.

그처럼 분명한 하늘 섭리의 역사로 '아시땅'에 시작된 배달겨레의 후손들이었다. 그로부터 그 자손들이 점차적으로 크게 번성되어 나감을 흐뭇하게 지켜보고 계시던 환웅천제께서는 어느 날 삼신 사령들을 불러 모아 놓고 그 첫 번째 명령을 하교하시었다.

"그대들은 명심하여 들을지어다. 내 이제부터 그대들에게 각기 해야 할 바를 명하노니 명심하여 거행토록 하라!"

"천명을 받자와 봉행토록 하겠나이다."

환웅천제님의 지엄하신 분부를 받드는 신장과 선관들의 표정 역시 엄숙하고 결연한 의지를 드러내고 있었다.

"먼저 그대 원보팽우에게 이르노라. 그대는 우관이 되어 토지를 맡되 심하게 거칠어진 토지와 끝없이 우거진 숲과 나무들 때문에 백성들이 한결같이 굴 속에서 지내고 있은 즉, 그대는 우거진 숲과 나무를 정리하고 산을 뚫고 골짜기를 파서 강을 만들고 뭇 백성들이 자리를 잡고 살아갈 수 있도록 이 땅의 토지를 평정하도록 하라. 이것이 팽우 그대에게 주는 하늘 과업이니 어서 나가 실행토록 하라!"

팽우는 천제님의 하명을 받들어 뒷걸음으로 서른 발자국을 옮겨 물러났다.

다시 환웅천제님의 분부는 월광신지에게 이어졌다.

"신지는 들거라. 그대는 사관이 되어 온갖 문서의 일을 맡아야 될 것이로다. 말이란 그 뜻을 나타냄이요, 글이란 모든 일을 기록으로 남기는 일이니 백성들로 하여금 바르게 가르쳐 따를 바를 알게 하는 것이 오직 그대가 해야 할 바이니라. 이 또한 하늘에서 주시는 과업이니 모름지기 이 세상에 남기는 공적이 될 수 있도록 힘쓸지어다."

그리고 고시 신장을 향해 눈길을 주시며 하명하시었다.

"고시에게 이르노라. 그대는 농관이 되어 곡식을 맡도록 하라! 그대 또한 뭇 백성의 형태를 보아 알고 있거니와 그들이 나무껍질과 열매와 사냥으로만 먹고 살지를 않느냐. 그것은 곧 하늘에서 주신 생명을 위태롭게 하는 것이라, 이 어찌 보고만 있을 수 있겠느냐. 그대는 땅의 모든 모양을 소상히 살펴보고 높은 곳에는 기장을 심고 보다 낮은 곳에는 벼를 심도록 하여 씨를 뿌리고 거두기를 계절에 따라 하도록 하여라. 부지런히 하지 않고는 이 일을 이루기가 어려울 것인즉 오직 부지런히 일할 수 있도록 독려해야 하느니라."

환웅천제님의 분부를 받은 팽우와 신지와 고시는 이윽고 어전을 물러나와 각자 맡은 일에 전념하기 시작했다.

환웅천제께서는 다시 신장 풍백지제에게 그가 해야 할 바를 분부하셨다.

"풍백지제는 들으라! 그대는 오늘부터 풍백으로서 모든 명령을 맡도록 하여라. 무릇 명령이란 위에서 베풀고 아래에서 준행함을 이르는 것이요, 또한 위에서 준행하고 아래에서 본받는 것이 교화이니라.

그리하여 그 명령을 거듭하되 마치 땅 위에 바람이 스쳐 지나가듯 오직 고르게 행하여야만 그 교화가 뭇 백성들에게 두루 미치게 되느니라. 각별히 명심하여 실행토록 하라."

풍백지제는 어명을 받들고 환웅천제님 앞으로부터 서른 걸음을 뒷걸음으로 물러나와 맡은 일을 나름대로 시작하고 있었다.

이윽고 환웅천제께서는 다시 보다 더 근엄하신 음성으로 분부를 계속하셨다.

"신장 우사 옥저는 들으라! 그대 또한 오늘 이 순간부터 우사가 되어 백성들로 하여금 가뭄에 비를 내리듯이 시절의 기운을 순하게 하여 백성들로 하여금 좋지 않은 일을 피할 수 있게 하여 일찍 죽음을 당하는 자가 없도록 힘쓰라."

그리고 신장 숙신을 향해 하명하시었다.

"뇌공 숙신은 고개를 들고 짐을 바라보라! 내 그대에게 명함은 사람이 사람으로 행할 바 지극히 중요한 것이니 그대는 특히 명심하여 들으라. 그대는 오늘부터 뇌공이 되어 모든 형벌을 도맡아야 될 것이니라. 불효하는 것과 불충하는 것과 불경하는 것은 세 가지 모두가 불충이니라. 또한 게으른 것과 명령에 따르지 않는 것과 뉘우칠 줄 모르는 것은 또한 불경함이니, 이 모든 것들을 신중하게 밝혀서 위엄 있게 억제하고 백성을 징계함에 있어서는 우레와 번개같이 해야 할 것을 명심할지어다."

그리고 다음으로 신장 운사 수기를 향해 하명하시었다.

"이제 운사 수기의 차례로다. 그대는 선악을 가늠함에 있어 그대의 지혜가 출중함을 내 익히 알고 있노라. 그대는 오늘부터 운사가 되어 선과 악을 관장토록 하라! 본래 인간 육신의 마음이란 끝없이 허망한 것이어서 바뀌고 또 뒤바뀜이 온당할 수 없음이로다. 선함은 단비와 같음이요, 악함은 가뭄과 같은 것인즉, 상으로써 선함을 권장하되 오직 미덥고 공평하게 할 것이니라. 그리하면 뭇 백성이 스스로 악을 버리고 선을 취할 것인즉, 그 선을 취하는 모습이 마치 상서로운 구름이 모여듦과 같을 것이니라."

환웅천제님의 분부가 끝나자 풍백지제와 우사가 된 옥저와 뇌공이 된 숙신, 그리고 운사가 된 수기 등이 뒷걸음으로 서른 걸음을 물러나 맡은 일에 열중하기 시작했다.

그러자 환웅천제께서는 지신地神 비서갑신모蜚西岬神母를 가까이 불러 말씀하셨다.

"비서갑신모는 들으라. 그대는 오늘부터 사람들이 두르고 있는 짐승 가죽을 대신할 옷을 만들어 저 백성들에게 입게 하는 게 그 일이라. 짐승에게도 털이 있어서 그 신체를 보호하고 있거늘 항차 그 위의 인간들이 짐승 가죽으로 그 모양 흉내를 내고 살아서야 될 말인가. 그대는 우리와 같은 천상의 옷을 모방하여 백성들에게 만들어 입히고 그 방법을 가르쳐야 할 막중한 책임이 있으니 길쌈을 하여 옷을 만들고 날씨의 춥고 더움을 막도록 하라. 의복이란 춥고 더움을 막는 것은 물론이거니와 만물의 영장으로 창조된 신분임을 나타내는 것이니 모든 여인들로 하여금 옷을 만들어 짓되 하늘 천신국의 옷 모양으로 만들도록 그 제도를 백성들에게 가르치도록 하라. 어서 가서 공적을 쌓아 백성들의 어미됨을 자랑할 수 있도록 할 것이니라."

"신이 분부하신 어명 받자와 최선을 다하겠사옵니다."

비서갑신모는 그 어명을 받들어 그날부터 나라 안의 여인들에게 길쌈하고 누에치는 법에서부터 자르고 꿰매어 입는 옷의 모양을 가르치기에 여념이 없었다.

그로부터 비롯된 것이 조상들이 만들어 입었던 의상이 힌복으로, 천상의 의복 그대로를 모방함이었다.

마침내 배달나라는 그 면모를 날이 갈수록 새롭게 하기 시작했다. 그것은 천지 교합을 이루므로 하늘과 땅이 다 함께 신령스러워졌기 때문이다. 이렇게 하늘의 삼천제신장이 각기 그 직분을 맡아 모든 물질세계와 상생교합相生交合을 이루기 시작한 이때가 바로 인류시원에서 신과 인간이 함께 먹고 마시며 어우러지던 신인합발神人合發의 시대였다.

그로부터 배달나라 백성들은 하늘 천도天道를 배운 고등영체로서 그 신분에 어울리는 환경변화를 가져오면서 산천초목이 모두 함께 영기靈氣가 서려 신령스러워지기 시작했다.

그 모습을 둘러보신 환웅천제께서는 그 백성들을 보시고 미소를 지으면서 말씀했다.

"백성들은 들으라! 너희 인간들은 저 높이 계시사 너희들을 주관하시는 무소부재하신 환인 한알님께서 언젠가는 죽을 수밖에 없는 너희 미령한 인간들을 불쌍히 여겨 나로 하여금 너희 눈에 보이지 않는 마음의 문을 열어서 영원히 죽지 않는 참 생명의 양식이 무엇인가를 깨닫게 하려 함이니라. 이제부터 너희들은 나의 백성이 되어 영원불멸한 은혜를 입을 것이니라. 이것은 다만 내가 너희에게 베푸는 은혜가 아니요, 저 높이 계시사 너희를 지극히 사랑하시는 하늘 환인 한알님의 사랑이시니 너희들은 그 은혜를 알고 공덕을 쌓아 그 성은에 보답하도록 하라! 알았느냐?"

"오, 한울님이시여!"

그들은 환웅천제님의 백성이 됨을 기뻐하며 그 말씀에 거역하는 자가 하나도 없었다.

조화주이신 환웅 한울님의 자비로운 미소 속에서 보호함을 입고 그 자손들이 번성되면서 눈에 보이지 않는 의식이 날로 밝아져가고 있었기 때문이다.

그런 어느 날 환웅천제께서는 보좌신명들에게 명하시었다.

"삼선사령은 들으라! 이제 개천을 하여 하늘과 땅과 인간이 하나가 됨을 저 위에 계신 환인천제께 고천을 하고 백성들에게 천도를 가르쳐야 할 것인즉 제를 올릴 보본단을 쌓도록 하라!"

그리고 이어서 다시 그 뜻을 말씀했다.

"단을 쌓되 높이는 삼척으로 하고, 위로는 네모로 할 것이며, 아래로 둥글게 하라! 그 위에 제물을 놓으면 삼각이 될 것이니 이로써 둥근 도로방 모양은 원대 무궁한 우주를 상징하는 것이며, 사각은 물질계 땅을, 세 뿔은 사람을 뜻하는 천지인 합일을 이루었다는 상징이 되는 것이니라. 이것이 곧 저 높이 계시사 너희를 굽어 살피시는 환인 한알님께서 너희가 천지만물의 이치를 깨달아 신성을 이루기를 바라시는 천부인 그 진리의 표상이니라."

이렇게 하여 삼천 신장들로 하여금 만들어진 보본단의 모양은 천부인天符印 원방각의 모양을 하나로 통일시킨 성城 모양의 제단이 쌓아졌다.

이윽고 환웅천제께서는 천신국의 삼천 신장과 더불어 그로부터 번성된 백성들을 모아놓고 결연히 고천의식 행사를 거행하시었다. 그리고 말씀하시었다.

"백성들은 들으라! 오늘이 지극히 높으신 환인천제님께서 그 거룩하신 뜻을 처음으로 이 땅 위의 백성들에게 베푸시는 신령한 날로 이 날이 상원 갑자 상달 상날이니 개천절이라 할 것이니라."

그리고 다시 말씀을 이으셨다.

"개천이라고 함은 하늘을 열었다 함이니 이로써 하늘과 땅과 사람, 천지인이 다 같이 하나로 뭉쳐 이 땅에 영원무궁한 천신국을 세우는 시초로 그 경축일이 될 것이로다. 알았느냐?"

"오, 한울님이시여! 그 은혜 참으로 감사하여이다. 감사하여이다."

백성들은 모두 한결같이 하늘을 우러러 절을 하고 환웅천제를 향해 경배하였다.

환웅천제께서는 다시 크고 낭랑한 목소리로 말씀하기 시작했다.

"신명들도 함께 들으라! 태초에 이 우주는 혼몽한 암흑이었느니라. 저 높이 계신 광명하신 환인 한알님 천제께서 무궁조화로 아득한 어둠을 거두시고 차츰 밝은 빛을 내기 시작하여 비로소 생명력을 갖춘 대우주 운행이 시작되었도다. 암흑에서 밝은 빛을 발하니 따뜻한 열이 발생하여 음극과 양극이 형성되었으니 이것이 태극이니라. 어둡고 찬 것은 음이요, 밝고 더운 것은 양이니 만생명의 근원인 원기가 형성이 되었은 즉, 곧 삼극三極이니라. 암흑 속에서 밝음이 생기고, 어둠과 밝음의 복합체인 적과 흑, 적청색이 혼합된 무색이 백색이 되고, 모든 색의 변화색인 중성 황색 기운이 생겨 우주의 오장인 오행이 생겼은 즉, 이것이 천하 만물이 태초에 무극한 둥근 세계와 같이 그 생겨난 상생의 순서에 따라서 동서남북東西南北 사방위와 상하를 배합하여 육합이 되는 것이니 이것이 저 위에 계신 환인 한알님께서 무궁조화를 부리신 천부경 속의 대삼합육大三合六의 진리이니라."

환웅천제님의 그와 같은 가르침은 눈에 보이는 현상세계만이 실상이 아니라 눈에 보이지 않는 영혼세계가 참 생명의 실상이라는 그 가르침이었다.

그러한 창조 원리에 의해서 천상의 사람 그 신령들이 태초의 조화주 그 빛의 섭리에 의해 오행육합五行六合을 나타내 보이는 오색五色으로 하늘 정부를 이루고 있으면서, 그 색소를 달리한 신들에 의해서 지구촌 물질인간 역시도 오색인종으로 그 뿌리가 심어졌음을 나타내주고 있는 것이다.

그것이 태초의 조화주 우주 섭리에 의해 비롯된 것으로 삼천대세계가 천지인天地人으로, 대삼합육大三合六을 이루고 운행되어지고 있다는 그 말씀이었다.

그와 같은 창조 원리의 가르침은 서양의 구약성경 '창세기 1장'에 기록된 태초에 우주만물이 생성된 창조전개의 수순과 조금도 다를 것이 없다.

태초에 본자연本自然하신 영계靈界의 조화주 섭리에 의해서 천상의 '사람'으로 창조된 신계神界가 하늘에 오색정부五色政府를 이루고 있으며, 그 천상세계와 고리를 잇고 있는 대자연大自然 속의 지구 또한 오대양 육대주를 형성하고 있으면서 자연自然이라는 인간 또한 마찬가지로 오장육부五臟六腑를 형성하고 있다는 바로 그 원리였다.

그러한 가르침이 배달한민족 81자로 된 단독경전 천부경天符經 속에 담아 두고 있는 내용이다. 즉 대우주와 연결 고리를 잇고 있는 인간 생명체가 자아성찰自我省察하여 육감적인 오감을 초월하고 신성을 이루었을 때에 비로소 자신이 '소우주'임을 자각하게 된다는 것이 환웅천제님의 가르침이었다.

그것이 영혼생명의 존재 이유로 눈앞에 보이는 현상세계가 실상이 아니라, 눈에 보이지 않는 영원무궁한 참 생명의 실상을 깨달아야 한다는 것이 천부경天符經을 토대로 하는 환웅천제님의 설법이었다.

그와 같은 근본원리의 강론에 삼천신장과 땅 위의 많은 무리들이 하늘을 우러러 크게 경배하였다.

그러자 환웅천제께서는 다시 또 하늘 섭리의 무궁조화를 말씀하시었다.

"태초에 환인천제님께서 음양의 상생원리로 칠색의 조화를 이루어 무수한 기파를 발생하여 만물이 형성되었으니 이것이 우주에 널려 있는 수많은 뭇 별이며, 너희들의 조상 아반과 아만이 생겨나서 너희들을 번식시킨 이 지구가 생겨나게 되었느니라. 그러나 가엾게도 너희 인간들은 땅이 모태인고로 땅이 요동치는 대로 홍수와 화산 그리고 비바람을 견디지 못하고 죽어가니 그것은 촉감은 있으되 지각이 없는 연고로 환란을 피하지 못함이니라. 그 모습이 너무도 처연하고 가엾어서 저 위에 계신 환인천제님께서 천지인 삼계의 대권능을 내게 부여하시어 너희 인간들을 홍익케 하고 천상의 뜻을 전하여 이화세계를 이 땅에 이룩하라는 천명을 받고 왔은 즉, 백성들은 들으라! 오늘을 기하여 한알님이신 환인천제님의 나라를 이 땅에 세우리니 그 이름을 배달이라 하리라. 배달이라 함은 하늘의 이치를 배로 통달한다는 것이니라. 그러한 뜻에서 내가 밝은 터 밝은 곳에 너희 조상 뿌리를 세워 하늘 천손민족으로 선택한 것이니 세세무궁토록 빛이 날 것이니라."

"오, 참으로 한울님이시여! 성은이 망극하옵니다."

백성들은 하나같이 입을 모아 환웅천제님을 '한울님' 또는 '신불님'이라고 부르며 배달나라 혈손으로 선택됨을 기뻐하였다.

신불神佛이라 함은 신령한 진리를 말함이다. 그것이 사실상 인간으로 하여금 홍익弘益케 하여 영원불멸할 수 있는 신령한 영체靈體를 만들기 위함이라는 것이다.

그것이 환웅천제께서 의도하신 인세교화人世敎化로써 인간 생명의 가장 깊은 곳에 태초의 빛, 그 우주 영혼의 불성佛性이 깃들어 있기 때문에 영원한 그 참 생명의 이치를 깨달았을 때 인간은 조물주와 일체가 된다는 것이며, 그것이 최고의 자기실현이라는 가르침이었다.

그처럼 동방 아시땅에 하강하시어 교화주敎化主가 되신 환웅천제님이셨다.

그 섭리에 의해서 하늘 조화 정부가 처음으로 이 땅에 교화정부를 세워 무지無知한 인간들을 대도大道의 하늘 천법天法으로 그 원리를 가르치기 시작한 것이다.

그로 하여 배달나라 백성들은 비로소 자신이 바로 자연의 한 부분임을 직감할 수 있었다.

그래서 모든 날짐승과도 자연스럽게 어울리면서 새떼들은 사람의 머리 위에나 어깨 위에 스스럼없이 날아들었고, 백성들은 그런 것들을 당연하게 받아들였다,

그것이 자연과도 조화를 이루어야 한다는 환웅천제님의 가르침으로 배달겨레 조상들의 정신 속에 심어진 만물감통사상이었다.

이렇게 환웅천제께서는 삼천 신장과 더불어서 많은 무리를 모아 한 가족으로 배달나라를 세우시고 하늘 천도天道에 대한 진리를 설파하신 것이다.

그와 같은 가르침의 말씀은 태백산 계곡을 울리면서 하늘로 치솟았고, 그 치솟았던 소리는 다시 천지간에 감돌았다. 백성들 앞에서 그처

럼 천리天理에 대한 말씀을 설파하시는 환웅천제님의 표정은 마치 온 누리를 그의 가슴 속에 포용하고 있는 것으로 보이기에 충분했다.

환웅천제를 옹위한 삼천 신장들은 물론 땅 위에 살던 모든 백성들까지 그토록 위용스런 표정의 눈빛 앞에 허리를 굽혀 읍하고 있었고, 지극하신 환웅 '한울님'의 목소리는 언제나 은혜롭게 장강처럼 흐르고 있었다.

이렇게 환웅천제께서 하늘을 열어 밝은 뜻을 밝혀 주시니 천지인天地人이라는 삼천대세계三天大世界가 비로소 하나가 되어 마침내 거룩한 하늘의 뜻이 땅 위에서 실현되어 이루어져 나간다는 의미가 개천절이었다.

이와 같은 개천행사의 경축의 날, 하늘의 상서로운 모든 빛과 모든 소리의 음音과 모든 형태가 하나로 어우러져 천지간에 기쁨이 가득하게 넘치었다.

그야말로 빛은 빛들끼리 서로 부딪치며 새로운 빛을 만들어내고 있었고, 땅과 하늘이 다함께 신령스러워지며 모든 소리는 소리끼리 아름다운 음악처럼 서로 부딪치며 새로운 소리를 만들어 가는 것이 하늘 풍류도 그것이었다.

환웅천제님께서 백성들에게 가르치신 그 말씀의 순간은 참으로 영원을 향하여 치닫고 있었고, 그 영원은 다시 한 순간으로 되돌아와 출발하고 있는 그 시점이었다.

그 모든 기운이 환웅천제의 개천開天하심에 의해 이 땅에 일어난 엄청난 축복으로, 그처럼 천지가 화답을 하는 분위기 속에 고천을 마치신 환웅천제께서는 자리에 오르시어 백성들과 더불어 기쁨을 나누시었다.

이렇게 환웅천제께서 하늘나라 모형의 천신국天神國을 이 땅에 세우시고 삼천의 신장 선관들과 더불어 배달나라 백성들을 다스리며 가르치셨다.

그처럼 지극하신 하늘의 뜻을 지상에서 펼치고 백성들을 두루 살펴보고 계시던 어느 날이었다. 고천을 하기 위해 제단을 쌓았던 신단수 아래에서는 백성들이 입을 수 있는 옷을 만들기 위해 길쌈하는 법을 여인들에게 가르치고 또한 누에치는 법에서부터 자르고 꿰매어 입는 옷의 모양을 가르쳐 온 지신地神 비서갑신모가 하늘을 향해 기원을 하고 있었다.

그것을 먼저 본 보좌신명 사관신지士官神知가 환웅천제께 읍하며 아뢰었다.

"천제님께 아뢰오."

"무슨 말인지 어서 고하라!"

"다름이 아니옵고 지신 비서갑신모가 신단수 아래에서 기원하고 있사옵니다. 통촉하시옵소서."

"비서갑신모가 무엇을 기원하든고?"

"아뢰옵기 황공하옵게도…."

"어려워 말고 어서 고하라."

"네, 하오시면 고하겠나이다. 비서갑신모는 오래 전부터 음기운이 발동하여 양기운을 포태코자 저렇듯 기원하고 있사옵니다."

"허허…, 이성을 그리워한다는 말인가?"

"그렇사옵니다. 지극히 높으신 영은을 입고자 하나이다."

환웅천제께서는 미소를 담고 잠시 하늘을 우러러 보고 계시던 바로 그때였다.

하늘이 열리며 찬란한 무지개가 하늘에서부터 서서히 땅으로 내려오면서 무소부재하신 환인천제님의 음성이 그 속에서 가만하게 들려왔다.

"내 사랑하는 천제는 들으시오. 우주 만생명의 천지부모가 음양조화이듯이 하늘과 땅 천지 또한 음양의 조화라. 남성이 여성을, 여성이 남성을 그리워하는 것은 우주 본자연의 이치이거니와 또한 자연의 이치이니 지신 비서갑신모의 소원을 들어주도록 하시오. 그것이 천지음양 합일이라, 태초의 우주 거울이 아니겠소. 하하하…. 그래야만이 신성이 없는 미령한 인간 자손들이 거룩하게 되어지리니 어서 그 소원을 들어주도록 하시오."

그렇게 하는 것이 태초의 조화주이신 천지부모가 목적하신 천지창조의 완성이 된다는 그 말씀이었다.

이윽고 환웅천제께서는 그 뜻을 알겠다는 미소를 용안에 띠우시며 말씀했다.

"그렇게 하는 것이 뜻이라 하시오면 하명하신 대로 따르겠나이다."

"하하하…. 땅 위에서 새로운 인간 생명체들이 탄생될 것이요, 그 모든 것이 나의 기쁜 뜻이니 신과 인간이 합일하도록 도우시오."

그 소리를 끝으로 일곱 빛 찬란한 무지개만 머리 위에 비춰고 있었다. 무지개는 하늘의 새 언약을 상징하는 것이었다. 백성들은 그 빛이 너무 강렬하여 땅에 엎드려 고개를 들지 못하였다. 하늘을 우러러 계시던 환웅천제께서는 드디어 삼선 사령에게 하명하시었다.

"이 같은 일이 천상의 환인천제님 뜻이니 어서 가서 비서갑신모를 내게로 인도하라."

"성은이 망극하옵니다."

환웅천제의 명을 받은 사령들은 얼마 후 신단수 아래에서 그때까지 기원을 하고 있던 비서갑신모와 함께 모습을 나타냈다. 환웅천제께서는 그를 보시고 말씀했다.

"오늘 천상의 환인천제께서 지신 그대의 소원을 들어주도록 하였느니라. 여봐라, 삼선 사령은 듣거라! 오늘 땅과 하늘이 하나로 되어 온전함을 이루리니 이 은혜 입은 백성 중에서 반듯한 남성을 택하여 지신 비서갑신모의 소원을 들어주도록 하라!"

"하늘에는 영광이요, 땅에는 축복이옵니다."

삼선 사령과 신장들은 천지교합天地交合의 뜻을 이루는 그 준비를 서둘렀다.

마침내 신단수 아래에는 비서갑신모와 환웅천제께서 하명하신 대로 배달의 후손 중에서 선택되어 뽑힌 남자와 비서갑신모의 혼례식이 이윽고 거행되었다. 배달의 백성이 되기 전에는 상상도 할 수 없던 일이었다.

하늘은 맑게 개어 있었고, 햇볕은 또 그 찬란함을 그들의 검은 머리칼 위로 반짝이며 쏟아지고 있었다. 백성들은 손에 꽃가지를 꺾어들고 그 혼례식을 축하했다.

마침내 환웅천제께서 삼선 사령을 좌우로 삼천의 신장들과 함께 풍악을 울리며 신단수 아래로 납시었다. 한 때의 신선한 바람이 그 머리 위로 스치듯이 지나갔다.

그때 갑자기 하늘은 일곱 빛 찬란한 무지개를 세워 하늘 곳곳에서 날아든 이름 모를 새들이 그 터를 넓게 잡고 있는 무리의 머리 위에서 맴돌며 아름다운 노래를 읊조렸다. 드디어 신인합발神人合發하는 그 첫 걸음이었기 때문이다.

그러한 하늘의 움직임을 우러러 보던 배달나라 백성들은 하늘의 축복하심에 크게 감격하여 한결같이 머리를 조아리며 하늘을 우러러 경배하고 또 경배했다.

그러한 그들의 머리 위로 하늘의 구름은 또 다른 말씀을 만들어내고 있었다. 갖가지 형상의 구름이 하얗게 혹은 누렇게 혹은 푸르고 붉게, 혹은 검은 자줏빛으로 제 각각 물들어져 오색이 영롱한 하늘을 이루고 있었다.

그와 같은 광경은 필시 천상의 환인천제님께서 내리신 축복과 은혜의 이치 그것이었다. 태초에 빛의 말씀으로 창조된 우주의 지성체인 천상의 사람과 지구 물질인간과 합일合一되어지는 혼례에 의해 출생한 생명체는 그 의식이 다를 수밖에 없는 일이다.

그렇게 신과 인간이 일체가 되어 탄생된 인간들은 그 동안의 원시집단의 형태에서 점차로 문명화 되기 시작하면서 인류 문화사회로서 그 첫 발걸음이 시작된 것이다.

우관 팽우가 토지를 개척하여 산과 길과 마을을 만들고, 농관 고시는 마침내 곡식을 만들어 돌로 불을 켜서 밥을 익혀 먹는 방법을 가르치고 또한 지신地神 비서갑신모는 누에치기와 길쌈법을 만들어 가르침으로써 의식주衣食住의 제도적 형태가 이루어져 나갔다.

또한 사관 신지는 짐승 발자국 모양의 문자 '녹도문'을 제정하여 인류 도덕을 강론하기에 이르렀고, 우사 옥저는 질병을 앞질러 막아 주었으며, 풍백 지제는 명령체계를 살피고, 뇌공 숙신은 온갖 형벌을 판별케 해 주었으며, 운사 수기는 권선징악을 제도화하였다.

이렇게 하여 배달나라는 마침내 남녀와 부자와 군신의 제도가 그 모습을 드러냈다. 그 모두가 하늘의 도리로서 360사事 가지의 홍익대법을 드디어 땅 위의 인간 세상에 펴심으로 지구상의 으뜸 인간 형태의 배달나라가 이루어졌다.

이렇듯 하늘 천손으로 선택을 받은 배달나라 백성들이었다. 그로부터 지각을 깨우쳐 하늘을 숭상하고 자연을 사랑하는 완전한 인간, 영원불멸할 수 있는 영체의 인간으로 그 면모를 점차적으로 갖추어 나가기 시작했다.

그러한 고등영체를 만들기 위함이 천상의 성부 환인천제님의 목표였기 때문에 이 넓은 지구 땅 가운데 배달민족 뿌리를 세우게 하시고 성모 환웅천제님으로 하여 홍익대법弘益大法을 가르쳐 전수하도록 시도하셨던 것이다.

그처럼 광대한 뜻을 이루기 위해 환웅천제께서 삼천 신장과 더불어 하강하신 삼위태백三位太白은 우주의 모든 서기가 골고루 뻗어 있는 천궁혈天宮血의 땅인 것이었다.

그렇기 때문에 인류역사가 이 땅에서 비롯된 축복의 땅이었으며, 그러므로 해가 뜨면 지구상에서 제일 먼저 해가 비치는 동방의 해 뜨는 나라 밝은 터에 밝은 민족으로 세워진 것이다. 이렇게 조화주 섭리에 의해서 하늘나라 대도大道의 이치를 배로 통달한 배달겨레는 하늘 제사권祭祀權을 부여 받고 조상 뿌리가 세워진 것으로, 지구상에서 유일하게 선택받은 민족임에는 틀림이 없다.

지극하신 천상의 성모聖母 환웅천제님의 인세교화가 이 땅에서 시작된 인류시원의 핵심의 땅으로 초자연의 기파, 즉 우주의 기파가 모든 물질계를 싸고 있는 지구 중심부이기 때문이다.

그처럼 태초에 물질계를 열었던 성모 환웅천제님께서 그 신선비서神仙秘書인 천부경天符經을 배달나라 백성들에게 설파하시어 환인천제님께서 목적하신 그 뜻을 이 땅에 이루고자 하신 것이다.

그러므로 이 신령스러운 땅을 일컬어 배달나라 백성들은 삼신일체 三神一體이신 한울님께서 하강하신 산이라고 하여 산정山頂을 오르면서도 두 손을 모아 합장하는 것을 잊지 않았다.

그토록 신령스러운 기운이 지긋하게 감돌고 있는 이 태백산에는 늙지 않고 죽지 않게 하는 선약仙藥이 자생하고, 날으는 새와 온갖 짐승들뿐만 아니라 모든 사물들이 흰색이어서 멀리서 바라보면 구름과도 같고 또는 흰 눈과도 같았다고 했다.

그 태백산이 지구촌 물질계를 열었던 시원의 '아시땅'으로, 그토록 거룩한 땅에 교화정부 배달나라를 세우신 성모 환웅천제님이셨다. 그러한 하늘 섭리에 의해서 환웅천제께서는 해마다 상달 상날을 개천제일로 삼으시고 이 날이 되면 백성들과 함께 태백산에 오르시어 천제를 올리셨다.

그로부터 경천敬天 숭조崇祖 애인愛人이라는 배달겨레의 신성神性이 마음 속 깊은 곳에 깃들어지기 시작하면서 배달나라는 선비국으로서의 면모를 점차적으로 갖추어 나가기 시작했다. 이렇듯 환웅천제께서 개천과 동시에 인세교화人世敎化를 이 땅에 펴시니 백성들은 환웅천제를 받들어 안파견 또는 거발한이라 하였다.

안파견이란, 천상의 환인천제님을 대행한 천지의 부모라는 뜻으로, 하늘과 땅과 사람을 하나로 통괄하는 삼신일체三神一體를 말하는 이름이었다.

그렇기 때문에 환웅천제님의 가르침은 곧 천상의 환인천제님의 숨결이었고, 그 자비로운 능력 또한 조화주 한울님의 능력으로, 그것이 환웅천제님께서 이 땅에 오셔서 펼치신 바로 그 홍익대법으로 이화세

計理化世界를 이루시려는 그 신선도神仙圖였다.

그처럼 이 땅에 평화로운 천신국을 세우기 위해 황웅천제께서 신인합발神人合發하여 백성들을 교화하시고 다스리시니 백성들은 날로 의식을 깨우치고 나라가 크게 번창해 나갔다. 그 모습을 흡족하게 바라보신 환웅천제께서는 마침내 그들을 열두 지역으로 나누어 다스릴 것을 고안하시고 삼선 사령을 불러 명하시었다.

"삼선 사령은 듣거라! 내 오늘 이같이 나라가 크게 번창하였으니 열두 지역으로 나누어 군장을 뽑아 그들을 제도하도록 할 것이로다."

"지당하신 말씀인 줄 아뢰오. 지금 이 나라는 땅이 남북이 오만리요, 동서가 이만리나 되었사오니 지역을 나누어 다스리심이 가한 줄 아뢰옵니다."

"하하하…, 그대들의 생각도 그러한가. 들으라! 내 오늘 이 나라 땅을 열두 지역으로 나누고 그 지방 백성들을 제도할 군장을 뽑아 세우리니 그 뜻을 만백성에게 선포하라!"

"세세무궁 배달나라 광영이 될 것이옵니다."

그로부터 나누어진 열두 지역은 비리국, 양운국, 구막한국, 구다천국, 일군국, 우루국, 또는 필라국, 객현환국, 구모액국, 또는 직구다국, 선비국 또는 통고사국, 수밀이국 등으로, 이때가 배달나라의 전성기로 멀리 바이칼 호수까지 뻗어나갔다고 했다.

'예기禮記' 왕제편의 기록에서 동이東夷의 9겨레는 삼국지가 말한 것과 같이 1. 동부여, 2. 북부여, 3. 고구려, 4. 동옥저, 5. 읍루, 6. 예, 7. 마한, 8. 변한, 9. 진한으로 아홉 겨레가 한밝산 곧 태백산太白山을 중심으로 살았던 그 시원의 발상지였음을 기록해 두고 있다.

또한 '역대신선통감 권3, 제8절'에도 동이의 9겨레가 벌써 7~8년 전부터 한원(中原, 中國)으로 갈라져 나가서 그곳을 개척하고 살았었다는 기록이다.

서양의 유대민족 뿌리 역사 시원도 마찬가지다. 한밝산을 근접하고 에덴동산이 창설되었음을 기록하고 있다. 그 시작의 연대는 배달나라를 세우신 환웅천제께서 홍익인간弘益人間 이화세계理化世界라는 지상천국 실현의 전초작업 소명을 마무리하고 있을 그 무렵의 시기였다.

한밝산 그 한 옆으로 구획의 선을 긋고 성호聖號를 붙인 '여호와' 신이 그의 기쁨이 된다는 '에덴동산'을 창설했다. 그리고 그 땅에서 보기에 아름답고 먹기에 좋은 나무가 나게 하고, 동산 가운데에는 생명나무와 선악을 알게 하는 나무를 심었다고 했다.

그 후에 그가 지은 아담을 그 에덴동산으로 이끌어 그곳에 두고 그것들을 다스리며 지키라고 명령을 내린다. 그리고 남자 홀로 독처하는 것이 좋지 못함으로 그 아담을 위해 돕는 배필을 짓게 하기 위해 깊이 잠들게 한 후, 그 갈비뼈 하나를 취해 여자 이브를 창조했었다는 것이 여호와 창조의 수순이었다.

그것이 유대민족의 뿌리 역사 '창세기 2장 4절'에서부터 기록된 것으로, 그 시원은 역시 물질계의 원천源泉, 동방의 아시땅으로 한밝산(太白山)과 근접해 있었음을 나타내주고 있다.

여호와가 독자적으로 창설한 그 에덴동산에서 강이 네 줄기로 갈라져 있었다는 그 물줄기는 언어상으로만 다를 뿐이다.

그 첫째 이름은 비손이라, 금이 있는 하월라에 둘렸는데, 그 땅의 금은 정금이라 했으며, 그곳에는 베델리엄과 호마노도 있었다고 했다.

그리고 둘째 강의 이름은 '기혼'이라, 구스온 땅에 둘렸고, 셋째 강의 이름은 '힛데겔'이라 '앗수르' 동편으로 흐르며, 넷째 강은 '유브

라데라' 라고 했다.

그처럼 에덴동산을 중심으로 네 줄기로 갈라져 있었다는 강의 이름은 그 언어묘사만 다를 뿐이었다. 동방의 에덴동산에서 네 줄기로 뻗어 흘러 나갔다는 강의 원천이 바로 백두산 천지못이다.

그 백두산 천지못을 근접하고 에덴동산이 창설되어졌음을 유대민족의 뿌리 역사에서 그처럼 기록해 두고 있는 것으로, 그들의 조상 아담은 에덴동산이 창설되기 전에 창조되었음을 '창세기 2장'에서 분명하게 밝혀 두고 있다.

물론 유대민족의 뿌리 조상 아담의 창조연대는 배달나라 뿌리가 세워지고 이미 나라 형태가 갖추어지고 난 그 후에 이루어진 일이다. 그 때쯤은 지구에 성호를 붙이고 나타난 여호와 신뿐만이 아니라, 하늘에서 내려온 물질인간 창조신들이 각기 그 피부색을 달리한 호흡으로 독자적인 물질인간 창조를 설계하고 있었음이다.

그 입증이 사실적으로 되어 주고 있는 지구촌 오색인종五色人種이다. 그렇게 피부색을 달리한 각 족속이 구약의 내용 속에 유대민족과 이웃하고 살았다는 이방민족으로, 그들 역시도 그들 창조 수호신의 가르침을 받으면서 그들만의 민족문화를 이루어 나왔음을 구약의 전체적인 내용 속에 진실하게 담아 두고 있다.

그와 같은 구약의 기록 속에서 유대 이스라엘 민족과 이방 민족과의 사이에 있었던 능력대결이 과거 지구촌에 있었던 최초의 전쟁사였음을 밝혀 볼 수 있게 해 준다는 사실이다. 그러한 기록의 내용을 유추해 보더라도 지구촌 인류시원에서 그처럼 특징적으로 피부색을 달리한 각 족속의 창조신들이 그 성호를 달리하고 존재했었음을 분명히 해 주고 있다.

그 연대는 단군왕검이 배달나라 제일의 제사장으로 세워지기 그 조금 앞전으로 환웅천세에서 아직 세상에 머물러 계시면서 보좌신명들과 더불어 인세교화를 하고 계실 때였다.

여호와는 유대민족을 세운 이스라엘의 뿌리조상신이다. 그의 개척행사는 성경 '창세기 1장' 에서 태초의 음양陰陽 조화주께서 빛의 말씀(LOGOS)으로 우주와 만물을 다 이루시고 난 그 이후로 '창세기 2장 4절' 에서부터 성호聖號를 달고 등장한다.

그렇기 때문에 '창세기 2장' 의 첫머리 기록에서는 천지와 만물이 이미 다 이루어졌음을 분명히 나타내주고 있다. 그리고 이어지는 성구에서 조화주 하나님께서 창조의 완성을 위해 그 일곱째 날이 이를 때에 비로소 마치셨다고 했다.

그리고 쉼으로 들어가시면서 그 날을 복주시고 거룩하게 하셨다고 한 그 날이 바로 환웅천제께서 그 뜻을 만백성에게 알리셨던 개천절開天節 행사로 하늘의 뜻이 이 땅에서 이루어질 것이라는 그 선포식과 같은 것이었다.

그러한 하나님의 섭리를 유대민족의 뿌리 역사 구약 '창세기 1장' 과 '창세기 2장' 의 기록을 유추해 볼 때 더욱 분명하게 해 준다. 창세기 1장과 창세기 2장은 창조의 세계관이 다른 차원의 세계관이다. 그 1장의 기록에서 태초의 우주영혼으로 조화주이신 빛의 하나님 그 천지창조 완성의 숫자는 7수로써 나타내주고 있다. 그렇기 때문에 성모 환웅천제께서는 그 일곱째 날까지 지상천국 건설의 전초작업으로 천손민족天孫民族으로 선택한 배달나라 백성들에게 인세교화人世敎化를 하고 계시던 그 후반기였음이다.

그 무렵 여호와 신으로 하여금 유대민족 시초의 뿌리 아담은 분명히 동방에서 창조되어졌음을 기록하고 있다. 유대민족의 뿌리 역사 '창세기 2장'의 그 첫머리의 기록에서 등장하는 하나님은 분명히 여호와가 아닌, 이름이 없는 하나님으로 천지와 만물을 지으셨다고 했다.

그 하나님은 흙으로 물질인간 아담을 만들었다는 여호와 하나님과는 동일체가 아님을 분명히 밝혀주고 있는 그 성구다.(창세기 2장 1~4)

천지와 만물이 다 이루니라. 하나님의 지으시던 일이 일곱째 날이 이를 때에 마치니 그 지으시던 일이 다하므로 일곱째 날에 한식하시니라. 하나님이 일곱째 날을 복 주사 거룩하게 하셨으니 이는 하나님이 그 창조하시며 만드시던 모든 일을 마치시고 이 날에 안식하셨음이라.

안식이란, 그 모든 일을 마치고 '쉼'으로 들어가셨음을 뜻한다. 그렇게 쉼으로 들어가시고 난 그 이후에 홀로 등장하는 여호와 신의 행사行事는 분명히 천지와 만물의 창조가 아니라 '대략적'이라는 묘사로 구획적인 '에덴동산' 창설임을 나타내주고 있다.

그처럼 대략적인 여호와 신의 창조 수순은 '에덴동산'을 창설하기에 앞서 그의 영광이 된다는 남자 아담을 흙으로 빚어 창조했다는 기록이다.

흙이란 하늘나라 참된 영혼 생명 기운이 없는 다만 물질계의 형상을 따라 창조되어졌다는 그 상징성이다. 그래서 인간육신은 의복과 같은 것으로, 그 수명이 끝나면 땅이 모태인고로 영혼성이 없는 육신은 흙으로 돌아가게 마련이라고 했다.

여호와 신의 창조는 그처럼 영혼 생명이 없는 물질인간 남자를 창조하고 그 이름을 '아담'이라고 했다. 거기에 아㟠자가 붙여신 것 역시도 여호와 지적 설계의 처음 작품으로 그 시초의 남자라는 뜻이다. 이렇게 여호와 창조의 능력행사는 먼저 남자 아담부터 창조하고 난 이후, 그 다음 단계로 에덴동산을 창설한다. 그리고 그 땅에서 보기에 아름답고 먹기에 좋은 나무가 나게 했으며, 동산 가운데에는 선악善惡을 알게 하는 나무도 있게 했다고 했다.

그리고 다음으로 이어지는 성구에서 밝혀주고 있는 것이 그 에덴동산의 위치다. 강이 에덴동산에서 발원하여 동산을 적시고 네 줄기로 갈라져 있었다는 바로 그 대목이다.

인류시원에서 유일하게 강이 발원하여 네 줄기로 뻗어나가는 곳은 백두산 천지못 밖에 없다.

그런데 유대민족의 시원始原 역시도 동방이었고, 그 에덴동산에서 네 줄기의 강이 뻗어 흐르고 있었다는 것이 바로 그 증표다. 그 기록을 유추해 보더라도 여호와가 처음 창설하고 개척했던 에덴동산의 위치는 분명히 물질계의 근원인 한밝산 곧 백두산白頭山과 근접해 있었음을 그처럼 나타내주고 있다는 사실이다.

그렇게 여호와 신의 지적 설계에 의해 구획적인 선을 긋고 창설된 에덴동산이었고, 거기에 앞서 흙을 빚어 창조했다는 아담을 이끌어 거기에 두었다는 것이 그 전개 수순이다.

그리고 보여주는 그 다음 행사는 여호와가 역시 흙으로 지었다는 각종 들짐승과 공중의 각종 새들을 아담으로 하여 그 이름을 짓게 하였고, 그러므로 아담이 일컫는 바가 그 에덴동산 생물의 이름이 되었다는 기록이다.

그 다음 단계로 들어간 여호와 물질계 창조행사 기록의 장면이
다.(창세기 2장 21~25)

아담이 돕는 배필이 없으므로 여호와 하나님이 아담을 깊이 잠들게 하
시니 잠들매 그가 그 갈빗대 하나를 취하고 살로 대신 채우시고 그를 아
담에게로 이끌어 오시니 아담이 가로되, 이는 내 뼈 중의 뼈요 살 중의 살
이라. 이것을 남자에게서 취하였은 즉 여자라 칭하리라. 이러므로 남자가
부모(여호와)를 떠나 그 아내와 연합하여 둘이 한 몸을 이룰지로다. 아담
과 그 아내 두 사람이 벌거벗었으나 부끄러워 아니 하니라.

그 기록이 이 땅에 내려온 천상의 사람이라는 신들의 지적 설계에
의해 창조된 물질인간으로 인류시원에서 그처럼 무지無知스러웠다는
원시인간들의 형태 모습이었음이다. 그 원시인간 아담과 이브의 무지
를 일깨우기 위한 여호와 지혜의 방편이 그 동산 가운데 세워 놓았다
는 선악과善惡果 나무로 그 실과만은 따먹지 말라는 그 계율戒律이다.
인간의 첫째 본능이 식욕이기 때문이다.

그 계율戒律의 경계로 하여 선善과 악惡, 그 옳고 그름의 분별력을 깨
우쳐 주고자 한 것으로, 즉 해야 할 것과 하지 말아야 할 것에 대한 의
식을 심어 주고자 함이었다.

그러한 여호와 신의 행사에서 그 한 역할을 맡고 등장하는 것이 사
탄이라는 뱀으로, 생물 중에서 유일하게 두 개의 혀를 날름대는 것이
그 특징이다. 그래서 뱀으로 묘사한 것인지도 모른다.

그 사탄은 여호와를 옹위했었던 천사였지만 타락하여 뱀이 되었다
고 했기 때문이다.

그러나 그것은 여호와 신의 각본에 의한 것임을 나타내주고 있다. 누군가는 그들의 의식을 시험해야 하는 역할을 맡아야 했던 것으로, 그 악역을 맡고 등장한 천사였음이다. 그래서 여호와 신이 의도한 그 뜻을 이미 알고 있었기 때문에 두 개의 혀를 날름거리는 뱀으로 묘사되고 있는 그 장면의 기록이다.(창세기 2장)

여호와 하나님이 지으신 들짐승 중에 뱀이 가장 간교하더라. 뱀이 여자(이브)에게 물어 가로되, "하나님이 참으로 너희더러 동산 모든 나무의 실과를 먹지 말라 하시더냐?"

여자(이브)가 뱀에게 말하되,

"동산 나무의 실과를 우리가 먹을 수 있으나 동산 중앙에 있는 나무의 실과는 하나님의 말씀에 너희는 먹지도 말고 만지지도 말라. 너희가 죽을까 하노라 하셨느니라."

뱀이 여자(이브)에게 이르되,

"결코 죽지 아니 하리라. 너희가 그것을 먹는 날에는 너희 눈이 밝아 하나님과 같이 되어 선악을 알 줄을 하나님이 아심이니라."

바로 그것이다. 그들에게 육신의 생명을 있게 해 준 여호와는 그들의 부모와 다름이 없는 입장으로 생명의 주인이 되는 위치다. 그런데 그 주인의 계율을 어겼을 때 그들 창조신의 진노에 의해서 충격을 받게 됨은 물론이다. 그로 하여 비로소 선악을 구별하는 일에 눈이 떠지면서 여호와 하나님처럼 선악을 분별하게 된다는 그 유혹의 말이 맞아 떨어졌다.

하지만 세상 어느 부모가 아직 천지분간도 하지 못하는 어린 자식을 시험하고, 또 거기에 대한 응징의 벌을 내릴 수는 없는 일이다. 그것은 결국 사랑하는 자식에게 깨우침을 주고자 하는 여호와 신의 각본으로, 그러한 의도에서 비롯된 시험이다.

엄격히 말해서 그들을 창조한 여호와 신이 태초에 우주와 만물을 빛의 말씀(Logos)으로 창조하신 전지전능하신 하나님의 능력이라면 그처럼 천지분간조차 하지 못했다는 원시인간을 만들어 놓고 시험을 한다는 그 자체부터가 이치에 맞지 않는 말이다.

그것이 지상에 내려와 물질 인간을 창조한 신들의 지적 설계의 한계로서 그 시험은 그들의 영광을 삼기 위해 창조했다는 인간의 지적 의식을 깨우쳐 주고자 함이었음을 그 다음 행사에서도 보여주고 있다.

그 사탄의 꼬임에 넘어가 계율을 어기고 난 그들은 비로소 양심의 가책으로 여호와의 낯을 피해 동산 나무 사이에 몸을 숨겼을 뿐만 아니라, 발가벗은 알몸의 부끄러움을 비로소 느끼고 무화과나무 잎을 엮어 하체를 가렸다고 했다.

비로소 사물을 분별하는 이성에 겨우 눈이 떠지기 시작했음을 보여준다. 그들에게 여호와는 직접 가죽옷을 지어 입혔으며, 그리고 나서 여호와가 선포하는 성구 대목이 그 선악과 사건에 대한 진상을 보다 진실하게 말해 주고 있다.(창세기 3장 23~24)

여호와 하나님이 가라사대,

"보라! 이 사람이 선악을 아는 일에 우리 중 하나같이 되었으니 그가 그 손을 들어 생명나무 실과도 따먹고 영생할까 하노라."

하시고 여호와 하나님이 에덴동산에서 그 사람을 내어 보내어 그의 근본 된 토지를 갈게 하시니라. 이같이 하나님이 그 사람들을 쫓아내시고 에덴동산 동편에 그룹들과 두루 도는 화염검을 두어 생명나무의 길을 지키게 하시니라.

그 성구에서 주목되는 것이 바로 '우리' 라는 복수형複數形으로 다수多數의 신들이 각기 크고 작은 역할을 맡아 미개한 인간의식 진화를 위해 동참하고 있었음을 나타내주고 있음이다.

또한 그들이 따먹고 영생할까 염려하는 그 생명나무다. 바로 그것이다. 배달나라 한민족의 조상신 환웅천제께서 도읍을 정하신 아시땅 한밝산(太白山) 주위에는 길이 살고 안 죽게 하는 장생불사長生不死 약초가 많았기 때문에 모든 신선들이 이것을 취해 먹었다고 전해지고 있다.

또한 이 산에 있는 새와 짐승의 모든 물건들이 희게 빛을 발하고 있었으므로 멀리서 보면, 눈 또는 구름과 같았다고 했다. 그것이 화염검을 부어 그 길을 지키게 했었다는 그 성구 대목과 크게 다르지 않다는 사실이다.

그처럼 에덴동산에서 있었던 그 선악과善惡果 사건으로 인하여 이제 겨우 이성에 눈이 뜨기 시작한 아담과 이브였다. 그들에게 여호와는 그 에덴동산에서 멀리 내보내어 토지를 갈게 했고, 그로부터 아담이 아내 이브와 동침하여 두 아들 가인과 아벨을 낳았다고 했다.

그런데 거기에서 또 문제의 사건이 발생된다. 형 가인은 땅의 소산인 농사를 지어 제물로 바쳐 올리게 했고, 동생 아벨은 양을 치는 자로 그 첫 새끼와 기름을 제물로 삼아 올리게 했었다.

두 형제는 여호와의 지시대로 그 일을 행하였다. 그런데 어찌된 일인지 여호와는 동생 아벨의 제물은 기쁘게 열납을 했었지만, 형 가인의 제물은 결코 열납하지를 않았다. 그로 하여 동생에 대해 질투를 느낀 형 가인은 그 후 들에 있을 때에 그 아우 아벨을 쳐서 죽이고 말았다.

사실 그 사건의 원인 제공자는 동생 아벨의 제물만 열납을 했었던 여호와라고 할 수 있다. 어느 한쪽만 편애를 했었기 때문이다. 하지만 거기에는 엄청난 하늘의 뜻이 이미 내포되어 있는 미래에 대한 그 유대민족의 예시적인 비유였음을 그 대화의 내용 속에 담아 두고 있다.(창세기 4장 9~16)

여호와께서 가인에게 이르시되,

"네 아우 아벨이 어디 있느냐?"

"내가 알지 못하나이다. 내가 내 아우를 지키는 자니이까?"

"네가 무엇을 하였느냐? 네 아우의 핏소리가 땅에서부터 내게 호소하느니라. 땅이 그 입을 벌려 네 손에서부터 네 아우의 피를 받았은 즉, 네가 땅에서 저주를 받으리니 네가 밭을 갈아도 땅이 다시는 그 효력을 네게 주지 아니 할 것이요, 너는 땅에서 피하여 유리하는 자가 되리라."

가인이 여호와께 고하되,

"내 죄벌이 너무 중하여 견딜 수 없나이다. 주께서 오늘 이 지면에서 나를 쫓아내시온 즉, 내가 주의 낯을 뵈옵지 못하리니 내가 땅에서 피하여 유리하는 자가 될지라, 무릇 나를 만나는 자가 나를 죽이겠나이다."

여호와께서 그에게 이르시되,

"그렇지 않다. 가인을 죽이는 자는 벌을 칠배나 받으리라."

하시고 가인에게 표를 주사 만나는 누구에게든지 죽임을 면케 하시니

라. 가인이 여호와의 앞을 떠나 나가 에덴동산 놋땅에 거하였더니 아내를 동침하니 그가 잉태하여 에녹을 낳은지라. 그 아들의 이름으로 성을 이름 하여 에녹이라 하였더라.

그 기록에서 분명히 밝혀 주는 것은 그 당시에 여호와의 창조물인 아담과 이브 외에도 많은 무리의 이방족속들이 지구촌에 존재하고 있었음을 그렇게 분명하게 나타내주고 있다.

그랬기 때문에 여호와 앞을 떠난 가인이 동편 놋땅에서 사람의 딸 여자를 취해 아내를 삼고 아들을 낳을 수 있었음이다.

아담이 처음 낳았던 두 아들이 하나는 형에 의해서 죽임을 당하였고, 형 가인은 그 벌로 쫓겨남을 당했다.

그리고 난 이후에 아담이 다시 아내와 동침하여 그 아들을 낳음으로 이름을 셋이라고 하였는데, 그 셋이 아들을 낳고 그 이름을 에노스라고 하였으며, 그 후에도 아담은 팔백년을 지내며 자녀들을 낳았다고 했다.

그때에 그 자손들이 여호와의 이름을 불렀다는 기록이고 보면, 그것은 그들의 생명을 주관하는 절대자임을 그때야 비로소 인식하게 되었다는 얘기다. 그것이 사실상 동서로 갈라진 인류 시원의 뿌리 역사 기록으로 신과 인간이 함께 어우러지던 신인합발의 시대였음을 유대 민족의 뿌리 역사에서 더욱 분명하게 그 진실을 밝혀주고 있다. 그 내용의 기록이다.(창세기 6장 1~5)

사람이 땅 위에 번성하기 시작할 때에 그들에게서 딸들이 나니 하나님의 아들들이 사람의 딸들의 아름다움을 보고 자기들의 좋아하는 모든 자로 아내를 삼는지라 여호와께서 가라사대 나의 신이 영원히 사람과 함께 하지 아니 하리니 이는 그들의 육체가 됨이라. 그러나 그들의 날은 일백 이십 년이 되리라 하시니라. 당시에 땅에 네피림이 있었고, 그 후에도 하나님의 아들들이 사람을 딸들을 취하여 자식을 낳았으니 그들이 용사라, 고대에 유명한 사람이었더라.

바로 그것이다. 하늘에서 내려온 신들과 그들의 지적 설계에 의한 물질인간의 자손들이 그 신들과 이성교합을 이루었을 때 당연히 그 형태 의식은 다를 수밖에 없는 일이다.

하지만 여호와는 그것을 반가워하지 않았음을 나타내주고 있다. 그 것은 자기의 영광을 위해 창조한 피조물이 그들의 유전인자와 섞임으로, 그 색소를 달리한 혼혈아가 출생되는 것이기 때문이다.

그렇게 출생한 혼혈아들은 여호와 자신의 영광을 위한 창조물이 아니기 때문에 자기의 뜻에서 벗어난 죄악으로 간주했다. 거기에 응징하는 여호와의 진노의 심판이 바로 그 노아 홍수였음을 나타내주고 있는 기록이다.(창세기 6장 5~8)

여호와께서 사람의 죄악이 세상에 관영함과 그 마음의 생각의 모든 계획이 항상 악할 뿐임을 보시고 땅 위에 사람 지으심을 한탄하사 마음에 근심하시고 가라사대, 나의 창조한 사람을 내가 지면에서 쓸어버리되 사람으로부터 육축과 기는 것과 공중의 새까지 그리 하리니 이는 내가 그것을 지었음을 한탄함이니라, 하시니라. 그러나 노아는 여호와께 은혜를 입었더라.

그 기록의 내용에서 보여주는 것이 바로 그 여호와 마음의 근심과 한탄이다. 그러한 여호와의 모습은 태초에 우주와 만물을 빛의 말씀으로 지으시고 그 모든 것을 사랑하신다는 전지전능하신 하나님의 위상이 결코 아님을 분명히 나타내주고 있다.

그렇게 오직 여호와의 영광을 위해서만 창조했다는 그의 피조물 자손들이 색소가 다른 신들과의 성교에 의해 자식들을 낳았을 때에 사실적으로 여호와의 영광이 될 수만은 없는 일이다.

그러므로 땅 위에 사람 지음을 한탄했다는 여호와였고, 그 고뇌는 마침내 혼혈되지 않은 노아의 가족들만 의롭고 온전하다고 정의했다. 그래서 노아에게 방주를 짓게 하고 그 아내와 세 아들의 아내들만 그 진노에서 제외하고 그 백성 모두를 물로 쓸어버리는 진노의 행사行事를 보여준다.

그 심판의 홍수 이후, 노아의 자손들에 의해 여호와의 호흡을 불어넣어 창조했다는 유대족의 자손들이 다시 번창하기 시작했음이다. 그러나 그 자손들 역시 다시 또 이웃 족속들과 혼혈되어지는 실태에 다시 고뇌하는 여호와의 행사가 바로 그 바벨탑 사건임을 기록해 두고 있다.(창세기 11장 1∼9)

온 땅에 구음이 하나요, 언어가 하나이었더라. 이에 그들이 동방으로 옮기다가 시날 평지를 만나 거기 거하고 서로 말하되 자, 벽돌을 만들어 대 꼭대기를 하늘에 닿게 하여 우리 이름을 내고 온 지면에 흩어짐을 면하자, 하였더니 여호와께서 인생들의 쌓는 성과 대를 보시려고 강림하셨더라.

여호와께서 가라사대,

"이 무리가 한 족속이요, 언어도 하나이므로 이같이 하였으니 이후로는 그 경영하는 일을 금지할 수 없으리로다. 자! 우리가 내려가서 거기서 그들의 언어를 혼잡케 하여 그들로 서로 알아듣지 못하게 하자."

하시고 여호와께서 거기서 그들을 온 지면에 흩으신고로 그들이 성 쌓기를 그쳤더라. 그러므로 그 이름을 바벨이라 하니 이는 여호와께서 거기서 온 땅의 언어를 혼잡케 하셨음이라. 여호와께서 거기서 그들을 온 지면에 흩으셨더라.

그 기록에서 나타내주고 있는 것이 당시는 신인합발神人合發의 시대로 동서東西 민족이 하늘 신들에 의해 창조되어졌기 때문에 천상의 언어를 동일하게 쓰고 있었음을 나타내주고 있다.

그로 인해서 각기 조상신 혈류의 뿌리를 달리하는 족속이면서도 천상에서 내려온 신들의 언어가 하나이었으므로, 서로 의사를 소통하고 그처럼 너와 나를 이분법적으로 개체로 가르는 신들의 간섭에서 해방되고자 동방으로 옮기려고 했었음이다. 그것을 여호와는 막아야 한다고 한 것이다.

그들이 여호와 혈통의 계보라면 굳이 언어를 혼잡케 하여 흩어져 살게 할 이유가 없다. 그처럼 너와 내가 엄연히 다른 개체라는 이분법적 여호와의 행사는 자기의 영광을 삼기 위해 창조했다는 자손들이 이웃 족속과 혼혈되어짐을 적극적으로 막고 금기시했다. 거기에 이방 족속 창조신들 또한 마찬가지로 서로가 의기투합했었음을 보여주고 있는 장면이 그 바벨탑 사건이다.

그처럼 여호와 신이 그 이스라엘 백성만을 보호 관리하던 행사 기록이 사실상 지구촌에 있었던 신인합발神人合發하던 구약시대로 하늘

의 신들이 사람의 모습 그대로 함께 어우러지며 먹고 마시는 장면의 기록이다.(창세기 19장 1~9)

　날이 저물 때에 그 두 천사가 소돔에 이르니 마침 롯이 소돔 성문에 앉았다가 그들을 보고 일어나 영접하고 엎드려 절하여 가로되,

　"내 주여, 돌이켜 종의 집으로 들어와 발을 씻고 주무시고 일찍이 일어나 갈 길을 가소서."

　그들이 가로되,

　"아니라. 우리가 거리에서 경야하리라."

　롯이 다시 간청하매 그제야 돌이켜 그 집으로 들어오는지라. 롯이 그들을 위하여 식탁을 베풀고 무교병을 구우니 그들이 먹으니라. 그들이 눕기전에 그 성사람 곧 소돔 백성들이 무론 노소하고 사방에서 다 모여 그 집을 에워싸고 롯을 부르고 그에게 이르되,

　"이 저녁에 네게 온 사람이 어디 있느냐? 우리가 그들을 상관하리라."

　롯이 문밖의 무리에게 나아가서 이르되,

　"청하노니 내 형제들아, 이런 악을 행치 말라. 내게 남자를 가까이 아니한 두 딸이 있노라. 청컨대 내가 그들을 너희에게로 이끌어 내리니 너희눈에 좋은 대로 그들에게 행하고 이 사람들은 내 집에 들어 왔은즉 이 사람들에게는 아무 짓도 하지 말라."

　그들이 가로되,

　"이 놈이 들어와서 우거하면서 우리의 법관이 되려 하는도다. 이제 우리가 그들보다 너를 더 해하리라."

　하고 롯을 밀치며 가까이 나아와서 그 문을 깨치려 하는지라. 그 사람들이 손을 내밀어 롯을 집으로 끌어들이고 그들의 눈을 어둡게 하니 그들

이 문을 찾느라고 곤비하였더라. 그 사람들이 롯에게 이르되,

"이 외에 네게 속한 자가 또 있느냐. 네 사위나 자녀나 성중에 네게 속한 자들을 다 성 밖으로 이끌어내라. 그들에 대하여 부르짖음이 여호와 앞에 크므로 여호와께서 우리로 이곳을 멸하러 보내셨나니 우리가 멸하리라."

롯이 나가서 그 딸들과 정혼한 사위들에게 고하여 이르되,

"여호와께서 이 성을 멸하실 터이니 너희는 일어나 이곳에서 떠나라" 하되 그 사위들이 농담으로 여겼더라.

위의 성구에서 나타내주고 있는 천사의 모습은 그들이 비장한 능력만 다를 뿐, 물질세상 인간들의 형태 모습과 조금도 다름없이 식탁에 함께 앉아 먹고 이야기도 나누고 했었음을 기록하고 있다.

그것이 지구촌 인류시원의 뿌리 역사로 동서東西가 마찬가지로 신인합발하던 시대가 있었음을 그처럼 분명히 해 주고 있다.

다만 다른 것이 있다면 천상세계도 그 차원이 엄연히 다르기 때문에 창조신의 호흡에 따라서 그 민족 문화의 풍속도가 만들어져 나왔음을 동서의 뿌리 역사 기록에서 유추해 볼 수 있게 해 주고 있다는 사실이다.

유대민족의 뿌리 역사가 여호와의 행사로 '창세기 2장'에서부터 기록되어지기 시작한다. 그 연대는 동방에 배달나라가 세워진 그 한참 후였다.

중앙 '아시땅'에 하늘 삼천의 신장들을 거느리고 하강하신 환웅천제님께서 하늘 제사권 민족으로 배달나라를 세워 그때 이미 백성들에게 천도天道를 가르쳐 동방의 군자국으로 그 위상을 높여 만방에서 백

성들이 모여들고 있을 그 무렵이었다.

그 섭리가 바로 환인천제님으로부터 천부인 증표를 받고 이 땅에 오셔서 펼쳐야 했던 환웅천제님의 소명이었음이다. 그 일이 지상천국 실현의 전초작업으로 개천을 하시고 환인천제님의 숨결과 혼을 동방에 심어놓고 홍익인간 이화세계를 이룩할 후사를 그때 이미 마음에 정해 두고 지켜보고 계셨을 때였다.

그 분이 바로 신과 인간과의 이성교합으로 가슴 깊은 곳에 신성을 내재하고 탄생된 단군왕검으로, 홍익인간弘益人間 이화재천세계理化在天世界의 소명을 맡고 배달나라 제일의 제사장으로 세움을 받은 것이다.

그로 하여 이 땅에 인세교화人世敎化의 소명을 마치신 환웅천제님이셨다. 드디어 음陰과 양陽 그 태극太極의 위치인 천지부모 자리로 오르시기 위한 준비를 마치시고 백성들을 불러 모으고 언급하시었다.

"백성들은 들으라! 이제 짐은 때가 다하여 건곤 일체를 이루고 천지부모의 자리로 돌아가는 것이니라. 부디 너희들은 천궁을 열어서 그 크신 은혜를 베풀어주신 천상의 환인상제님의 사랑에 감사함으로 보답하라. 보답하는 길은 너희 근본을 잊지 말고 하늘 천법으로 스스로를 다스려 참 인간의 도리를 다할 때 천상의 환인천제께서 기뻐하시는 자가 될 것이니라. 이것이 너희가 그 은혜에 보답하는 길이니라. 무궁 영세토록 힘쓸지어다. 그리고 내가 또 너희에게 일러 줄 말이 있으니 그 때가 이르기 전에 천지부모 숨결을 이 땅에 보내어 그 소식을 전할 것이니 너희가 알고 있는 그 한얼님으로 칠성자들이니라. 그들이 시절에 맞추어서 천상의 소식을 전해 줄 터이니 너희가 이 땅에서 천지부모를 학수고대하는 지상천궁을 신부가 신랑을 기다리는 것처럼 단장할 것인 즉, 그때에 내가 다시 올 것이니라. 하늘은 세상의 천 년이 하루 같으니 내가 속히 와서 그동안 참 생명으로 성숙되기 위해 고생하고 수고한 너희들의 그 눈에 눈물을 씻어 주리라. 알겠느냐?"

"오, 백보좌 우리의 환웅님이시여! 그 약속을 믿겠나이다. 속히 임하시옵소서."

그들은 엎드려 서운한 작별의 인사를 정중하게 올리고 있었고, 환웅천제께서는 그 약속의 말씀을 남기시고 빛으로 환원하시어 하늘로 오르시었다.

그 순간이었다. 하늘이 갑자기 일곱 빛 찬란한 무지개를 세워 빛으로 化화하신 환웅천제님을 옹위하고 점점 멀리 사라졌다.

그토록 존엄하신 영계의 위치에서 물체를 쓰고 인간의 형태로 이 땅에 강림하시어 인세교화의 사명을 마치신 환웅천제님이셨다. 그 깊은 뜻을 단군왕검을 후사로 홍익인간弘益人間 이화세계理化世界를 이 땅에 이루도록 하명하시고 하늘 본자리로 오르신 것이다.

그 모습이 배달겨레의 뿌리를 이 땅에 거룩하신 숨결로 심어주신 배달한민족 조상신 환웅천제님의 그림자 모습이었다.

한승연의 作述 약력

장편소설
- 데뷔작《바깥바람》(1986년 3월 5일, 도서출판 남영사)
- 이데올로기 해부작《그리고 숲을 떠났다》(1987년 5월 1일, 도서출판 한멋)
- 여인의 성심리와 사회부조리 고발작《갈망》(1988년 8월 15일, 장원)
- 한반도 역사의 주변열강 역학관계 분석작《개천 그리고 개국》
  (1988년 9월 5일, 도서출판 문학시대사)
- 신과 인간의 고리 그 실체 분석작《묵시의 불》(1989년 1월 10일, 장원)
- 소설문학 영역의 확대작《심상의 불길》(1990년 11월 30일, 도서출판 답게)
- 여인의 자리 찾기 작《남자를 잃어버린 여자》(1993년 7월 3일, 장원)
- 사람과 도인의 관계 분석작《운명의 카르마》(2002년 4월 7일, 도서출판 마당
  문화)
- 한민족 가무의 파노라마《꽃이 지기 전에》(2003년 6월 30일, 도서출판 한누리
  미디어)
- 광복 후의 역사와 반역사의 올바른 분석작《역사의 수레바퀴》(2004년 5월 30
  일, 도서출판 한누리미디어)
- 한류열풍의 주역들 조명작《빛으로 날고 싶었다!》(2007년 1월 30일, 도서출
  판 모델)
- 근대사를 조명한 남북관계 분석작《아! 무적》(2007년 4월 25일, 도서출판 한
  누리미디어)
- 질곡에 처한 운명 속에 살아온 여인의 조명작《어머니의 초상화 1, 2권》(2009
  년 6월 20일, 도서출판 한누리미디어)
- 민족혼을 일깨우는 역사소설《매천야록上》(2009년 12월 31일, 도서출판 한누
  리미디어)
- 민족혼을 일깨우는 역사소설《매천야록下》(2010년 9월 1일, 도서출판 한누리
  미디어)
- 기독교를 재해석한 야심작《우주정신과 예수친자확인 소송》(2011년 5월, 도
  서출판 대원사)
- 질곡의 역사를 이어온 한 여인의 인생사《천계탑1, 2》(2012년 12월 20일, 도
  서출판 한누리미디어)

사상서

- 인류시원과 동서 문명의 분석작 《성서로 본 창조의 비밀과 외계문명》(2002년 2월 25일, 도서출판 대원사)
- 인간의 운명이란 무엇인가 분석작 《운명의 카르마》(2002년 2월 4일, 도서출판 마당문화)
- 세계 칠대 성현의 뿌리 조명작 《성서로 본 칠성님의 비밀》(2002년 10월 3일, 도서출판 한누리미디어)
- 우주의 기원과 동서양의 종교 분석작 《우주통일시대》(2008년 5월 26일, 도서출판 한누리미디어)
- 배달민족의 뿌리 역사 조명작 《평화의 북소리》(2009년 1월 20일, 도서출판 한누리미디어)
- 배달 한민족 상징의 꽃 《무궁화를 아십니까?》(2012년 5월 10일, 도서출판 한누리미디어)
- 우리 한민족의 뿌리 역사 조명작 《개벽, 그리고 개천 개국 1, 2》(2013년 12월, 도서출판 자문각)
- 우주의 기원에서 지구촌의 역사를 조명하는 《지구촌의 빛과 어둠의 역사》 출간 준비중.

시집

- 《소라의 성》(1986년 3월 15, 도서출판 남영사)
- 《내가 바람이고 싶어 했을 때》(1987년 6월 30일, 도서출판 문학시대사)
- 《황혼연가》(1997년 4월 10일, 도서출판 답게)
- 《내가 사랑하는 이유》(1996년 6월 5일, 도서출판 답게)
- 《묵시의 신곡》(1999년 8월 10일, 도서출판 한누리미디어)
- 《사랑하며 산다는 것은》(2002년 2월 10일, 도서출판 답게)
- 《등신불 수화》(2006년 12월 11일, 도서출판 한누리미디어)
- 《오늘도 살아 있는 존재 이유》(2011년 10월 10일, 도서출판 한누리미디어)

수필집

- 《이중에서 가장 위대한 것 사랑》(1986년 12월 10일, 가톨릭 다이제스트)
- 《별이 된 가슴아》(1993년 9월 15일, 도서출판 세훈)
- 《슬픔이 안겨준 찬란한 약속》(2001년 9월 3일, 도서출판 마당문화)

• 《섬진강 파랑새 꿈》(2007년 8월 25일, 도서출판 한누리미디어)

수상경력
• 1995년 제3회 『허난설헌』문학상 《심상의 불길》 소설부문 대상
• 1996년 제3회 『열린문학상』 《내가 사랑하는 이유》 본상 수상
• 2000년 『세계계관시인』 문학상 《묵시의 신곡》 평화대상 수상으로 시문학 박사학위 수위
• 2007년 제11회 한국문학예술상 《역사의 수레바퀴》 본상 수상
• 2008년 고조선 역사재단 제5회 단군문학상 《우주통일시대》 대상 수상
• 2012년 제1회 매천문학상 《소설 매천야록(상, 하)》 대상 수상

동방의 빛
KOREA 불 밝혀라

•

지은이 / 한승연
발행인 / 김영란
발행처 / 한누리미디어
디자인 / 지선숙

•

08303, 서울시 구로구 구로중앙로18길 40, 2층(구로동)
전화 / (02)379-4514, 379-4519
Fax / (02)379-4516
E-mail/hannury2003@hanmail.net

•

신고번호 / 제 25100-2016-000025호
신고년월일 / 2016. 4. 11
등록일 / 1993. 11. 4

•

초판발행일 / 2016년 11월 25일

•

ⓒ 2016 한승연 Printed in KOREA

•

값 15,000원

※잘못된 책은 바꿔드립니다.
※저자와의 협약으로 인지는 생략합니다.

ISBN 978-89-7969-728-5 03210